LA RECONSTITUTION

DU DÉPARTEMENT

DE LA MEUSE

N° 38231

8/0
672.501

8° LK⁴
3321

La Reconstitution

du département de la Meuse

La Reconstitution

du

département de la Meuse

LA TÉNACITÉ D'UNE COURAGEUSE POPULATION

L'Effort de l'Administration

BAR-LE-DUC

IMPRIMERIE COMTE-JACQUET

58, Boulevard de la Rochelle, 58

1928

N° 309934

LISTE DES PREFETS
qui se sont succédé dans la Meuse
et ont participé à l'œuvre de la Reconstitution

MM.

Aubert, jusqu'au 13 février 1918.

Piette, du 14 février 1918 jusqu'au 3 août 1919.

Ogier, du 4 août 1919 jusqu'au 21 janvier 1920.

P. Emery, du 22 janvier 1920 jusqu'au 9 août 1922.

G. Bègue, du 10 août 1922 jusqu'au 24 août 1924.

Ch. Magny, depuis le 25 août 1924.

LISTE DES SECRETAIRES GENERAUX
à la Reconstitution

MM.

Caron, du 10 mai 1918 au 14 novembre 1920.

Desbrets, du 15 novembre 1920 au 11 mars 1921.

Tellier, du 12 mars 1921 au 31 mai 1924.

Lecrivain, du 1er juin 1924 au 30 septembre 1924.

Delaume, depuis le 1er octobre 1924.

AVANT-PROPOS

de M. Charles Magny, Préfet de la Meuse

Au moment où touche à sa fin l'effort considérable entrepris dans le département de la Meuse pour sa reconstitution, j'ai pensé qu'il convenait de résumer une fois pour toutes les étapes de cette œuvre.

Ceux qui n'ont pas été associés à sa réalisation ne peuvent se faire une idée de l'importance et de la complexité des problèmes qu'il a fallu résoudre dans un délai rapide.

Il importe d'en fixer les traits essentiels et de caractériser par des chiffres la grandeur de la tâche accomplie.

Ce sera pour moi une occasion de rendre hommage à l'action de mes prédécesseurs et de mes collaborateurs de tous ordres, fonctionnaires et techniciens. C'est grâce à leur initiative, à leur conscience et à leur dévouement qu'il a été possible d'atteindre ce but.

Ce sera surtout une occasion nouvelle de faire admirer les fortes qualités d'amour du sol natal et de ténacité au travail des populations qui, courageusement, ont assumé le relèvement de leurs ruines.

Ce sera enfin le moyen de rendre des comptes à ceux dont l'esprit de solidarité a permis de mener à bien l'œuvre de la Reconstitution.

Bar-le-Duc, novembre 1928.

Charles MAGNY,

EXPOSE GENERAL

A la date du 11 novembre 1918, au moment de l'armistice, tout le département de la Meuse avait été plus ou moins atteint par les événements de guerre. Sur 586 communes, 334 étaient considérées comme sérieusement, sinon totalement dévastées. Si l'on se reporte à cette époque tragique où le territoire était jonché des décombres des immeubles détruits, de réseaux de défenses, de matériel abandonné de toutes parts par les armées alliées et ennemies, où la population était réfugiée et dispersée dans la France entière, où les voies de communications étaient interrompues, et que l'on songe qu'il fut décidé de reconstituer intégralement le territoire, on peut se rendre compte de la complexité du problème qui se posait aux pouvoirs publics.

Pas de main-d'œuvre, pas de matériel : seule la bonne volonté de tous ne faisait pas défaut. Et cependant, affluaient vers leurs ruines les réfugiés meusiens, pressés qu'ils étaient de retrouver et de reconstituer leurs foyers.

La loi des dommages de guerre n'était pas votée — elle ne le fut que le 17 avril 1919. En attendant, il fallait se contenter, par des mesures provisoires, mais immédiates, de parer aux situations les plus pressantes.

Un service administratif fut constitué sous la direction d'un Secrétaire Général spécial, pour le paiement des allocations de réfugiés, l'organisation des secours en nature et l'attribution d'avances sur dommages de guerre.

De son côté, le service des Ponts et Chaussées s'occupait de la partie technique : installation de baraquements, remise en état d'habitabilité sommaire des immeubles réparables. La main-d'œuvre était fournie par l'armée et surtout par les Compagnies de prisonniers de guerre.

Les parcs du génie et les transports de l'armée furent utilisés. Un service des travaux de 1re urgence, militaire à l'origine, dépassant d'ailleurs les cadres du département, réalisa un commencement de coordination des moyens d'exécution.

Au début de 1919, on nomma un architecte en chef pour le département et des architectes d'arrondissement. Puis on organisa le service de la reconstitution foncière et du cadastre. La direction des services agricoles, correspondante de l'office de reconstitution agricole, procédait à des distributions de matériel, d'animaux et d'engrais. Des œuvres de guerre vinrent de leur côté en aide aux sinistrés nécessiteux.

C'était la dispersion déconcertante des efforts. Le Ministère des Régions Libérées avait bien créé des services centraux, mais ceux-ci donnaient directement leurs directives aux différents services départementaux.

Il fut remédié à cette confusion, d'abord par la nomination de Directeurs généraux des services techniques départementaux et par le décret du 6 août 1919 qui, plaçant l'ensemble de la reconstitution sous l'autorité et la responsabilité des Préfets, précisa les attributions des services et organisa leur groupement.

En matière administrative, le Préfet dirige, assisté du secrétaire général à la reconstitution, tous les services administratifs (allocations, secours, hygiène sociale, évaluation, services financiers, contentieux).

En matière de services techniques et de travaux de reconstitution, il exerce, assisté d'un Directeur général départemental de la reconstitution, l'autorité et le contrôle sur les services techniques et le service d'exécution des travaux pris en charge par l'Etat.

Ces services techniques comprenaient :

le service d'architecture ;

le service du génie rural ;

le service de la reconstitution foncière ;

le service des matériaux ;

le service des transports généraux ;

le service de la main-d'œuvre;

le service de la reconstitution agricole ;

le service spécial d'exécution des travaux qui sont pris en charge par l'Etat.

La loi des dommages de guerre avait bien été votée le 17 avril 1919, mais, en fait, elle n'a pu vraiment être appliquée qu'au jour où la nouvelle organisation fut créée.

A l'usage, des modifications furent apportées dans l'aménagement des services.

Le service d'Architecture avait dans ses attributions : la reconstruction provisoire et définitive des communes de plus de 600 habitants, les plans d'aménagement et l'établissement des séries de prix.

Le Génie rural s'occupait au début de la reconstruction des communes comportant moins de 600 habitants, de la remise en état du sol, des coopératives et de la délimitation de la zone rouge.

La Reconstitution foncière devait reconstituer le cadastre, les limites de propriétés, procéder à des remembrements, ainsi qu'à la délimitation de la zone rouge.

Les attributions des autres services techniques sont suffisamment définies par leur dénomination.

Peu à peu, des services ont disparu, soit qu'ils avaient terminé leur mission, soit qu'ils aient été absorbés par un autre service.

Ainsi furent successivement liquidés :

Le service des travaux d'Etat, le 15 mars 1920.
Le service de la motoculture, le 31 décembre 1920.
Le service de main-d'œuvre, le 28 février 1921.
Le service des réfugiés, le 30 avril 1921.
Le centre de réparation des machines agricoles, le 1er juillet 1921.
Le service hippomobile, le 31 décembre 1921.
L'Office des matériaux, le 31 décembre 1921.
Le Génie Rural, le 1er avril 1922.
Le service automobile, le 31 décembre 1922.
Le service de la voie de 60, à la fin de 1923.
Le décret du 30 mai 1924 réorganisa les services en supprimant la Direction générale départementale des services techniques et en donnant au Secrétaire général à la reconstitution, par délégation du Préfet, autorité sur l'ensemble des services. Ceux-ci étaient au nombre de 7 :

1° Le service du Secrétariat général, du personnel et de la comptabilité ;

2° Le service d'évaluation administrative et du contentieux;

3° Le service du contrôle du remploi et de la liquidation des Indemnités de dommages de guerre ;

4° Le service du contrôle des coopératives ;

5° Le service technique de reconstitution ;

6° Les services techniques de liquidation ;

7° Le service de la reconstitution foncière.

Ce dernier service fut supprimé le 1ᵉʳ juillet 1926 et ses attributions furent confiées au génie rural à Nancy.

Enfin, le décret du 16 septembre 1926 vint encore simplifier cette organisation en confiant aux Ponts et Chaussées toute la partie technique de la reconstitution.

Il ne laissait subsister que le service financier et le service dit « administratif » comprenant notamment, le contentieux, l'évaluation, la comptabilité, etc...

A ces simplifications apportées dans les services, ont correspondu des compressions dans le personnel.

ETAT DU PERSONNEL :

Effectifs :			Dépenses mensuelles :
Au 1ᵉʳ janvier 1919 :	15 employés	....	3.566,09
—	1920 : 1291 —	....	611.396,64
—	1921 : 1228 —	....	607.255,77
—	1922 : 1034 —	....	517.189,53
—	1923 : 631 —	....	341.239,69
—	1924 : 492 —	....	277.960,39
—	1925 : 339 —	....	218.096,06
—	1926 : 284 —	....	194.575,08
—	1927 : 208 —	....	150.090,69
—	1928 : 142 —	....	126.379,55
Au 1ᵉʳ juillet 1928 :	138 employés	....	123.321,56
Au 1ᵉʳ octobre 1928 :	135 employés	....	120.326,14

Ce qui caractérise la reconstitution du département de la Meuse, c'est d'abord l'étendue de la dévastation provenant, d'une part, de la ligne sinueuse du front, consécutive à l'occupation de Saint-Mihiel par l'ennemi, d'autre part, de la violence des combats de Verdun, des Eparges, de la forêt d'Apremont, de Vauquois. Enfin les batailles de mouvement de 1914 et de 1918 ont répandu la destruction au sud-ouest et au nord du département.

D'un autre côté, la Meuse est essentiellement agricole. L'industrie tient peu de place dans la reconstitution. C'est ce qui explique que le département entre pour un seizième seulement dans l'ensemble des dix départements dévastés.

Cette particularité a permis de rattacher à Nancy la reconstitution industrielle et la reconstitution des mines.

Je crois devoir exposer ci-après, par service, l'évolution de la reconstitution de la Meuse; il sera fait mention à part de la reconstitution du domaine de l'Etat (forêts domaniales, canaux, routes, postes et télégraphes, chemins de fer, etc...) qui a été effectuée en dehors des services départementaux.

SERVICES ADMINISTRATIFS
ET FINANCIERS

Reprise de la vie locale

Lorsque l'armistice fut signé, les populations réfugiées ou libérées se hâtèrent de reconstituer leurs foyers détruits ou désorganisés, mais elles se trouvaient dans un dénuement tel que l'Etat dut leur venir en aide en prenant les mesures immédiates que l'urgence commandait. D'abord, il assura leur ravitaillement; d'autre part, il leur accorda des allocations journalières et organisa, avec l'aide d'œuvres privées, plus ou moins subventionnées par lui, des distributions de secours en nature.

Mouvement de la population.

On a estimé à 334 communes sur 586, celles qui pouvaient être considérées comme directement atteintes par les événements de la guerre : elles comptaient 30.244 habitants à l'armistice contre 138.029 en 1914. Voici la progression de la population :

11 novembre 1918	30.244
1er juillet 1919	48.963
1er janvier 1920	65.082
1er janvier 1921	85.755
1er juillet 1922	97.582
1er mars 1923	100.876

Pour réintégrer leur pays d'origine, les réfugiés devaient demander une autorisation, au début à l'autorité militaire, puis, à partir de 1919, à la Préfecture qui s'enquérait de l'existence de moyens d'habitation. Ils bénéficiaient dans ce cas du transport gratuit de leur famille et de leur mobilier.

Ravitaillement.

L'armée a pourvu, à l'origine, gratuitement au ravitaillement de la population libérée. D'autre part, il existait un comité de ravitaillement des Régions Libérées, dont le siège régional était à Longwy et dont des magasins étaient répartis sur le territoire.

En 1919, le Sous-Secrétaire d'Etat au ravitaillement envoya un délégué et l'on organisa au Rattentout de Dieue un magasin central rayonnant par voie normale et voie de 60. Dans les localités libérées, les organisations locales continuaient cependant à fonctionner et l'on recourait parallèlement aux approvisionnements existant dans les gestions ou annexes des subsistances.

La coopérative départementale s'est développée et a assuré la transition entre cette première période et la reprise de la vie normale.

Allocations.

Pour permettre aux habitants de vivre en attendant la renaissance de la vie économique, diverses allocations furent accordées aux sinistrés; au début, jusqu'au 1er avril 1920, par le Préfet après avis d'une commission départementale des réfugiés, puis par des Commissions d'arrondissement présidées par les Sous-Préfets. Ces décisions étaient susceptibles d'appel devant la Commission supérieure d'assistance à Paris.

4 catégories de secours étaient prévues :

1° les allocations accordées aux sinistrés meusiens réfugiés dans leur département.

2° les secours temporaires destinés aux habitants nécessiteux des régions dévastées.

Ces secours étaient, par jour, de 1 fr. 75 par adulte, 1 fr. 25 par enfant et 1 fr. 50 à partir du 3e enfant à charge.

Il s'y ajoutait un secours mensuel de foyer de 20 fr. par foyer de 2 personnes, plus 10 fr. par personne à charge.

3° Les secours de rentrée, se montant à 20 fr. accordés à titre d'attente, à toute personne réintégrant sa commune d'origine.

4° Les rappels d'allocations accordés aux populations évacuées par l'autorité allemande.

Il a été accordé ainsi 20 millions de secours environ.

Une circulaire du 1er mars 1920 vint mettre un terme à cette assistance exceptionnelle, en prescrivant qu'à partir du 30 avril 1921, il conviendrait de ne recourir qu'à l'assistance normale.

Toutefois des secours exceptionnels seraient encore accordés ainsi que des subventions en faveur des bureaux de bienfaisance et d'assistance.

Secours en nature.

En outre des secours en argent, des secours en nature étaient distribués aux habitants. Durant la guerre et après la guerre, de nombreuses œuvres se sont constituées à cet effet; le Ministère des Régions Libérées, de son côté, a envoyé dans les départements des vêtures, du mobilier, de l'outillage, etc... pour en faire bénéficier les sinistrés, soit à titre de secours, soit à titre d'avance à valoir sur les dommages de guerre.

Je crois devoir donner ci-après une liste d'œuvres dont l'action fut particulièrement bienfaisante dans le Département :

La Société de secours aux blessés militaires ; l'Union des Femmes de France ; l'Association des Dames françaises ; la Société pour les Hôpitaux militaires ; la Société des Villages libérés; L'Armoire Lorraine; Le Comité Côte d'Orien de la Croix Rouge Française ; La Société des Amis ; L'Œuvre du Bon Gîte ; le Comité d'Assistance de l'arrondissement de Verdun, etc...

Le Ministère des Régions Libérées avait créé un service de coordination des secours et avait détaché dans chaque département une inspectrice déléguée dont le rôle, dépassant l'assistance proprement dite, s'étendait à l'organisation de l'hygiène sociale.

Un vestiaire départemental fut constitué, alimenté par les dons de l'Etat et par ceux de la charité privée. Il existait un magasin à Bar et les distributions avaient lieu, avec le concours de la Croix Rouge, dans chaque chef-lieu d'arrondissement.

Pour fixer les idées, il a été distribué au cours d'un semestre en 1921 :

4.000 vêtements ou sous-vêtements pour hommes
7.600   —   —   pour femmes
1.800   —   —   pour enfants
8.000 objets divers.

Je dois également signaler l'activité du Comité d'assistance de Verdun qui distribuait des secours, fournissait des repas gratuits aux sinistrés de passage et hébergeait les familles venues sur les tombes militaires.

Hygiène sociale.

Dans un milieu aussi bouleversé que l'étaient à l'origine les régions libérées, il était plus que jamais nécessaire de multiplier les œuvres d'hygiène.

Secondée encore par les œuvres privées et par les médecins, l'Administration établit un service spécial d'hygiène sociale dirigé par l'inspectrice déléguée du Ministère des Régions Libérées. Celle-ci avait sous ses ordres des infirmières assistantes d'hygiène.

Dès 1920, on créa des postes de secours tenus par des infirmières et dirigés par un médecin, on organisa des dispensaires antiturberculeux, avec l'aide, notamment, de la mission Rockefeller, des consultations prénatales, des consultations de nourrissons, des gouttes de lait, des crèches; on put envoyer des enfants dans les colonies de vacances, dans des préventoria ou dans des sanatoria.

Enfin, grâce au concours financier du Ministère des Régions Libérées, on édifia le préventorium de Clermont-en-Argonne qui ouvrit ses portes en 1922.

Beaucoup de ces organisations essaimées sur tout le département ont disparu, mais beaucoup ont subsisté sous une autre forme administrative, notamment dans les centres urbains.

Adoption des Communes

Un élan non seulement national, mais universel s'est manifesté en faveur du relèvement des Régions dévastées. De nombreuses communes de la Meuse ont bénéficié de dons généreux provenant de France ou de l'Etranger. La haute intercession de M. Raymond POINCARÉ, Président de la République, puis Président du Conseil des Ministres, dont la sollicitude pour ses compatriotes ne fut jamais en défaut, de même que la bienveillante intervention de M. MAGINOT, Député de la Meuse et Ministre, eurent, à cet égard, les plus heureux résultats. C'est ainsi que COUVONGES a été adoptée par l'Union des Grandes Associations Françaises. — BRABANT-LE-ROI, par le Comité Meusien, Paris. — LAIMONT, par le Département du Finistère. — REMENNECOURT, par l'Ecole pour l'Ecole et l'Union des Grandes Associations Françaises. — NETTANCOURT et NEUVILLE-SUR-ORNE, par l'Union des Grandes Associations Françaises. — REVIGNY, par Mme Gumaelius, Paris. — VASSINCOURT, VILLERS-AUX-VENTS, AUTRÉCOURT et BEAULIEU-EN-ARGONNE, par l'Union des Grandes Associations Françaises. — BEAUZÉE-SUR-AIRE, par l'Union des Grandes Associations Françaises et le Secours National de Toronto. — BRIZEAUX et TRIAUCOURT, par l'Union des Grandes Associations Françaises. — NUBÉCOURT, par l'Ecole pour l'Ecole et l'Union des Grandes Associations Françaises. — BULAINVILLE, EVRES, FOUCAUCOURT, IPPÉCOURT, NUBÉCOURT et PRETZ-EN-ARGONNE, par l'Union des Grandes Associations Françaises. — VILLOTTE-DEVANT-LOUPPY, par l'Union des Grandes Associations Françaises et l'Ecole pour l'Ecole. — LOUPPY-LE-CHATEAU, par l'Ecole pour l'Ecole. — ERIZE-LA-PETITE, REMBERCOURT-AUX-POTS, SOMMEILLES, VAUBECOURT, MÉCRIN, VADONVILLE, BONCOURT, GIRAUVOISIN, PONT-SUR-MEUSE, SAINT-JULIEN et FRÉMÉRÉVILLE, par l'Union des Grandes Associations Françaises. — BANNONCOURT, par l'Union des Grandes Associations Françaises et l'Ecole pour l'Ecole. — Dompcevrin, par l'Union des Grandes Associations Françaises. et l'Ecole pour l'Ecole. — Fresnes-au-Mont, Kœur-la-Grande, Kœur-la-Petite, Sampigny, Woimbey et Rupt-devant-Saint-Mihiel, par l'Union des Grandes Associations Françaises. — Ailly, par le Canton de Châtillon-sur-Seine. — Apremont, la Ville de Dijon et la Ville d'Olyoke (Etats-Unis), la Colonie Française de Monaco et Miss Skinner. — Bouconville par le Comité Côte d'Orien, Canton nord de Dijon. — Brasseitte, par le Comité Côte d'Orien et la Colonie Française de Monaco. — Broussey-en-Woëvre, par le Canton de Liernais (Côte-d'Or). — Chauvoncourt, par la Ville de Draguignan et l'Ecole pour l'Ecole. — Han-sur-Meuse, par le Canton de Seurre (Côte-d'Or). — Lacroix-sur-Meuse, par Lambergement-les-Seurre, le Canton de Seurre (Côte-d'Or, les comités Meusien, d'Arcachon, la Ville de Cerbigny et divers bienfaiteurs. — Lahayville, par le Comité Côte d'Orien. — Liouville, par le Comité Côte d'Orien et la Ville de Saint-Jean-de-Losne. — Loupmont, par la Colonie Française de Monaco. — Maizey, par le Comité Côte d'Orien. — Marbotte, par le Canton d'Auxerre et la Ville de Dijon. — Montsec, par le Comité Côte d'Orien, le Canton de Vitteaux, Mme Derin à Pavilly et l'Ecole pour l'Ecole. — Les Paroches, par le Comité Côte d'Orien et le Canton de Nolay. — Rambucourt, par l'Union des Grandes Associations Françaises. — Ranzières, par le Canton de Montbard et l'Ecole pour l'Ecole. — Raulecourt, par le Canton de Sombernon (Côte-d'Or). — Richecourt, par le Comité Côte d'Orien. — Rouvrois-sur-Meuse, par le Canton de Pontailler (Côte-d'Or) et l'Ecole pour l'Ecole. — Saint-Agnant, par la Ville de Dijon et le Comité Côte d'Orien. — Saint-Mihiel, par la Ville de Nantes, la Croix Rouge Française et l'Ecole pour l'Ecole. — Spada, par les communes de Selongey et Crancey. — Troyon, par la Ville de Toulouse. — Varnéville, par le Canton de Saint-Jean-de-Losne (Côte-d'Or). — Woinville, par le Canton de Beaune-Nord (Côte-d'Or), la Ville de Bordeaux et le Comité Côte d'Orien. — Xivray-Marvoisin, par le Canton de Dijon-Sud-Ouest. — Beney, par le Canton de Précis-sur-Thil (Côte-d'Or), le Comité Côte d'Orien et Précis-sur-Thil (Côte-d'Or). — Billy-sous-les-Cotes, par le Canton de Beaune-

Sud, la Ligue des Chefs de Section et le Comité Côte d'Orien. — BUXERULLES, par la Ville de Morlaix. — BUXIÈRES, par le Comité Côte d'Orien. — CHAILLON, par le Canton de Mirebeau (Côte-d'Or) et l'Ecole pour l'Ecole. — CREUE, par le Canton de Saulieu (Côte-d'Or), le Comité Côte d'Orien et l'Ecole pour l'Ecole. — DEUXNOUDS-AUX-BOIS, par le Canton d'Is-sur-Tille et la Ville de Saint-Jean-de-Luz. — DOMPIERRE-AUX-BOIS, par Mme la Générale Bazin. — HADONVILLE-LES-LACHAUSSÉE, par la Ville de Saint-Jean-de-Luz et le Comité Côte d'Orien. — HATTONCHATEL, par Miss Skinner. — HATTONVILLE, par la Ville d'Hyères et le Comité Côte d'Orien. — HAUTMONT-LES-LA-CHAUSSÉE, par la Ville d'Auxonne et le Comité Côte d'Orien.

— HEUDICOURT, par le Canton de Nuits-saint-Georges, le Comité Côte d'Orien et l'Ecole pour l'Ecole. — JONVILLE, par le Canton de Semur, le Comité Côte d'Orien et l'Ecole pour l'Ecole. — LACHAUSSÉE, par le Canton de Gevrey-Chambertin (Côte d'Or). — LAMARCHE-EN-WOËVRE, par le Comité Côte d'Orien. — LAMORVILLE, par le Canton d'Arnay-le-Duc (Côte-d'Or) et le Comité Côte d'Orien. — LAVIGNÉVILLE, par le Canton d'Is-sur-Tille et le Comité Côte d'Orien. — NONSARD, par le Canton de Nuits-Saint-Georges, le Comité Côte d'Orien et l'Ecole pour l'Ecole. — SAINT-BENOIT, par le Canton de Dijon Sud et le Comité Côte d'Orien. — SAINT-MAURICE-SOUS-LES-CÔTES, par le Canton de Vouvray (Côte d'Or). — SAVONNIÈRES-EN-WOËVRE, par l'Union des Grandes Associations Françaises. — SENONVILLE, par le Canton de Blagny (Côte d'Or). — SEUZEY, par la Ville de Fécamp et le Canton de Pouilly-en-Auxois (Côte-d'Or). — VARVINAY, par l'Union des Grandes Associations Françaises et la Ville de Dijon. — VAUX-LES-PALAMEIX, par le Canton de Laignes (Côte-d'Or). — VIÉVILLE-SOUS-LES-CÔTES, par le Comité Côte d'Orien, le Canton d'Arnay-le-Duc et l'Ecole pour l'Ecole. — VIGNEULLES-LES-HATTONCHATEL, par Mme Teylor, Miss Bishop et la Ville de Bar-sur-Aube. — AZANNES ET SOUMAZANNES, par Mme Vilmorin à Paris. — BRANDEVILLE, par l'Ecole pour l'Ecole. — CHAUMONT-DEVANT-DAMVILLERS, par le Département de la Seine. — DAMVILLERS, par l'Ecole pour l'Ecole. — ETRAYE, par l'Ecole pour l'Ecole. — ROMAGNE-SOUS-LES-CÔTES, par la Colonie d'Indo-Chine. — VILLE-DEVANT-CHAUMONT ET WAVRILLE, par le Département de la Seine. — BRIEULLES-SUR-MEUSE, par la Ville de Paris (9ᵉ Arrt.). — DOULCON, par la quête faite à Strasbourg et l'Ecole pour Ecole. — DUN-SUR-MEUSE, par le Foyer des Campagnes. — LINY-DEVANT-DUN, par l'œuvre de reconstitution du foyer. — MONTIGNY-DEVANT-SASSEY, par le Département de la Seine. — SAULMORY et VILLEFRANCHE, par l'Œuvre de Reconstitution du foyer. — VILLERS-DEVANT-DUN, par la Colonie Française de Monaco. — CIERGES, par le Département de la Seine. — CONSENVOYE, par la commune de Souligné-sous-Ballon (Sarthe). — MONTFAUCON, par la Société de Bienfaisance de Madrid, la Commune de Palestro, la Commune de Pont-l'Abbé et les Mines de Pénarroya (Espagne). — NANTILLOIS, par Miss Katherine Max Edwars. — REGNÉVILLE, par des communes de la Haute-Saône. — SEPTSARGES, par la colonie d'Indo-Chine. — SIVRY-SUR-MEUSE, par la Commune de Mouzaia-ville. — MONTMÉDY, par l'Ecole pour l'Ecole. — AMEL, par l'Œuvre de Reconstitution du Foyer. — DOMMARY-BARON-COURT, par l'Ecole pour l'Ecole. — ETON, par la Ville d'Eton (Angleterre). — HAUCOURT, par la Ville d'Eton (Angleterre). — SPINCOURT, par lEcole pour l'Ecole. — AUTRÉVILLE, BAALON, BEAUCLAIR, BEAUFORT, CESSE, HALLES, INOR, LAMOUILLY, LANEU-VILLE-SUR-MEUSE, LUZY, MARTINCOURT, et MOULINS, par la Croix Rouge Américaine. — MOUZAY, par la Croix Rouge Américaine et l'Ecole pour l'Ecole. — NEPVANT, OLIZY, POUILLY, STENAY et WISEPPE, par la Croix Rouge Américaine. — BELLEVILLE, par l'Ecole pour l'Ecole .— BÉTHELAINVILLE, par le département de la Seine et l'Ecole pour l'Ecole. — BÉTHINCOURT, par la Ville de Saint-Aignan, le Département de la Seine et l'Ecole pour l'Ecole. — BRAS, par le Département du Lot. — CHARNY, par la Ville de Chatillon et l'Union des Grandes Associations Françaises. — CHATTANCOURT, par la Ville de Saint-Aignan. — CUMIÈRES, par la Société Aide aux Villages dévastés. — MARRE, par l'Union des Grandes Associations Françaises. — SAMO-GNEUX, par le Département de la Seine. — THIERVILLE, par l'Ecole pour l'Ecole. — VACHERAUVILLE, par l'Union des Grandes Associations Françaises et l'Ecole pour l'Ecole. — AUBRÉVILLE, par l'Union des Grandes Associations Françaises. — AUZÉVILLE, par l'Union des Grandes Associations Françaises et l'Ecole pour l'Ecole. — BRABANT-EN-ARGONNE, par l'Union des Grandes Associations Françaises. — Le Claon, par la Ville de Blois. — Clermont-en-Argonne, par Junior Red Cross et la Ville de Clermont-Ferrand. — Dombasle-en-Argonne, Les Islettes, Jubécourt et Le Neufour, par l'Union des Grandes Associations Françaises. — Neuvilly, par la Ville de Champigny et la Guadeloupe. — Parois et Récicourt, par l'Union des Grandes Associations Françaises. — Abaucourt, Boinville, Buzy et Chatillon-sous-les-Côtes, par l'Ecole pour l'Ecole. — Damloup, par le Département de la Seine. — Dieppe, par la Ville de Dieppe. — Eix, par la Société Nestlé. M. Eichthal et l'Ecole pour l'Ecole. — Etain, par la Martinique et Mme du Gast, Présidente de l'Œuvre du Foyer. — Gincrey, par le Département de la Seine et l'Ecole pour l'Ecole. — Morgemoulin, par l'Ecole pour l'Ecole. — Moulainville, par la Commune de Villemomble (Seine). — Rouvres, par la Ville de Châtellerault, Mlle Richard et le Comité de Rodez. — Warcq, par la Ville de Nîmes, la Société d'aide aux Villages dévastés et l'Ecole pour l'Ecole. — Avillers, et Butgnéville, par l'Union des Grandes Associations Françaises. — Champlon, par la Croix Rouge Américaine et l'Union des Grandes Associations Françaises. — Combres, par la Ville de Houlgate et l'Union des Grandes Associations Françaises. — Dommartin-la-Montagne, par le Comité de Montivilliers et l'Union des Grandes Associations Françaises. — Les Eparges, par le Comité Hollandais et l'Union des Grandes Associations Françaises. — Fresnes-en-Woëvre, par la Ville de Tartas et la Commune de Bonnétage (Doubs). — Hannonville-sous-les-Côtes, par le Comité de Moulins (Allier) et l'Union des Grandes Associations Françaises. — Harville, par la Commune de Illiers et l'Union des Grandes Associations Françaises. — Haudiomont et Hennemont, par l'Union des Grandes Associations Françaises. — Herbeuville, par la Ville de Saint-Pierre-sur-Dives et l'Union des Grandes Associations Françaises. — Labeuville et Latour-en-Woëvre, par l'Union des Grandes Associations Françaises. — Maizeray, par le Comité des villages libérés de Lettry. — Manheulles, par la Ville de Bar-sur-Seine. — Marchéville, par la Ville de Saint-Pierre (Gironde) et le Comité Franco-Belge. — Mesnil-sous-les-Côtes, par le Comité de Paray-le-Monial et des com-

munes de la Haute-Saône. — Mont-sous-les-Côtes, par la
Ville de Paray-le-Monial et les Associations Françaises. —
Mouilly, par l'Union des Grandes Associations Françaises.
— Moulotte, par la Commune d'Illiers et l'Union des Grandes
Associations Françaises. — Pareid, par la Ville de Bogny et
l'Union des Grandes Associations Françaises. — Pintheville,
par la Commune de Joinville (Eure-et-Loire) et l'Union des
Grandes Associations Françaises. — Riaville, par le Comité
de Tonnerre. — Ronvaux, par les Villes de Vierzon et Bagneux.
— Saint-Hilaire, par Pont-en-Besson et l'Union des Grandes
Associations Françaises.— Saint-Remy, par la Ville de Cabourg
et Associations Françaises. — Saulx-en-Woëvre et Thillot,
par Associations Françaises. — Trésauvaux, par l'Œuvre des
villages libérés. — Ville-en-Woëvre, Villers-sous-Bonchamp,
Villers-sous-Pareid et Wadonville-en-Woëvre, par un
groupe de dames américaines et les Grandes Associations.
— Watronville, par l'Œuvre des villages libérés, la Ville
de Condé et les Grandes Associations. — Les Monthairons et
Rampont, par les Grandes Associations Françaises. — Les
Souhesmes, par un anonyme. — Villers-sur-Meuse, par les
Associations Françaises. — Lemmes, par les Associations Fran-
çaises. — Charpentry, par le Département de la Seine. —
Cheppy, par l'Union des Grandes Associations Françaises. —
Esnes, par le Département de l'Indre et la Ville d'Avignon.
— Lachalade, par les Villes de Sceaux et Pithiviers. — Malan-
court, par le Bureau de Bienfaisance de Monaco. — Varennes-
en-Argonne, par le Département de la Seine et M. Mathos à
Montevideo. — Vauquois et Véry, par l'Union des Grandes
Associations Françaises et la Ville d'Orléans. — Samogneux,
par Mrs Gray. — Vassincourt, par la Colonie française de
Monaco. — Verdun-sur-Meuse, par M. Barker à Londres, le
Contre-Amiral Gilly, le Secours National, le Département des
Bouches-du-Rhône, l'Estudiantina de Tananarive, l'Amicale
Est-Saïgon, les Dames de Sidney, Mme Giboudeau, Banque
de la Réunion, la Ville de Cardiff, Mengelimack, la Répu-
blique Chinoise, les Nouvelles Galeries, la Ville de Contre-
xéville, la Ville de Strasbourg, les Visiteuses du Champ de
Bataille, la Légation de Norvège, le Luxembourg, la Croix
Rouge canadienne, Don Vosges-Martin, l'Hirondelle Verdu-

noise, Croix Rouge américaine, Luxembourg, des Bienfaiteurs, Maracaïbo et Caracas, les Proscrits d'Alsace, divers, la Direction de l'Ecole de Sohremange, les Provinces martyres de France, la Goutte de Lait, M. Yung à Amsterdam, le Comité Luxembourg-Verdun, le Prince héritier du Japon, le Comité Verdun-Londres, le Comité Franco-Américain de Cuba et l'Ecole pour l'Ecole.

Évaluation

Le décret du 20 juillet 1915 avait déjà institué une procédure d'évalution des dommages de guerre, en constituant des commissions cantonales. A cette époque, les prix de reconstitution n'étaient pas sensiblement plus élevés qu'en 1914; cependant, pour encourager les sinistrés à la reconstruction de leurs immeubles endommagés, la perte subie était complétée par une prime. Dans la Meuse, les Commissions n'ont fonctionné que dans l'arrondissement de Bar-le-Duc, pour connaître surtout des dommages causés en septembre 1914.

Ces Commissions eurent à examiner 6.116 demandes; mais la loi du 17 avril 1919, en instaurant une nouvelle procédure et en déterminant de nouvelles bases d'évaluation, a permis aux sinistrés, dont les dommages avaient été évalués conformément au décret de 1915, d'obtenir la révision de leur indemnité.

C'est que la loi du 17 avril 1919 a accordé en principe aux sinistrés, non seulement le montant de la perte subie — c'est-à-dire, la valeur de remplacement en 1914 de la chose endommagée, diminuée dans une certaine mesure de la vétusté — mais elle a accordé des frais supplémentaires dans le cas où les sinistrés désireraient reconstituer en nature, pour tenir compte de la majoration des prix, survenue après l'armistice.

Les organismes d'évaluation étaient : les Commissions cantonales, les Tribunaux de dommages de guerre dans chaque arrondissement, la Commission Supérieure des dommages de guerre à Paris.

Auprès de chacun de ces organismes, un représentant de l'Etat — l'agent administratif — était accrédité. Le sinistré déposait sa demande au Greffe de la Commission cantonale et l'agent administratif tentait une conciliation avec le sinistré. En cas de réussite, la Commission était appelée à homologuer l'accord. S'il n'y avait pas conciliation homologuée, appel pouvait être introduit, soit par l'Etat, soit par le demandeur devant le Tribunal des dommages de guerre qui statuait non pas en homologuant une conciliation, mais en rendant un véritable jugement, susceptible d'ailleurs d'être déféré à la Commission Supérieure.

Lorsqu'une décision devenait définitive, le sinistré, par l'intermédiaire de la Préfecture — qui signalait, le cas échéant, les avances déjà versées — réclamait la délivrance d'un titre de créance.

Les demandes d'indemnité devaient être présentées avant le 1er août 1921, sauf en cas de force majeure.

Au début, de grosses difficultés furent rencontrées pour recruter le personnel nécessaire — notamment les agents administratifs. C'est qu'il s'agissait d'appliquer une législation toute nouvelle, portant sur des sommes considérables. Fin 1919, les Commissions étaient bien créées administrativement, mais elles ne fonctionnaient pas. Fin 1920, 29 étaient en fonctionnement (deux Commissions se partageant le canton de Verdun). Le travail paraissant trop lent, on multiplia le nombre des agents administratifs, puis, en 1921, on créa une Inspection des Tribunaux et Commissions, dont le titulaire dans chaque département, était désigné par le Garde des Sceaux ; de son côté, le Ministre des Régions Libérées instituait une inspection des agents administratifs, en vue de coordonner leur travail.

Les dossiers industriels étaient préalablement instruits par l'Office de Reconstitution Industrielle. L'expérience fit créer également une section agricole et une section forestière de préévaluation ; d'autre part, des architectes furent agréés comme experts de l'Administration. Il arriva que dans les régions les moins atteintes, les Commissions furent supprimées ; au début de 1922, 13 étaient dissoutes. Le personnel ainsi libéré a permis de sectionner les Commissions les plus chargées, en vue d'augmenter leur rendement.

Dans les arrondissements de Commercy et de Montmédy, on institua, par application de la loi du 22 juillet 1923, des Commissions de liquidation compétentes pour tout l'arrondissement. Leurs sièges étaient respectivement à Saint-Mihiel et à Damvillers. A Bar-le-Duc, le Tribunal des dommages de guerre statuait depuis longtemps aux lieu et place des Commissions dissoutes.

On rattacha ensuite le Tribunal de Montmédy à celui de Verdun et celui de Bar à celui de Saint-Mihiel. Une Commision était créée pour liquider les dossiers de l'arrondissement de Bar.

Les Commissions d'arrondissement de Bar-le-Duc, de Saint-Mihiel et de Damvillers furent successivement dissoutes à la fin de l'année 1924. La Commission de Verdun devint compétente pour tout le département.

A la même époque, le Tribunal de Saint-Mihiel fut supprimé. Il ne restait donc plus que 2 organismes d'évaluation, la Commission départementale de liquidation et un Tribunal d'appel, tous les deux à Verdun.

En 1926, la suppression du Tribunal des Dommages de guerre de Verdun fut décidée et le Tribunal de Nancy vit sa juridiction étendue sur le Département de la Meuse.

La Commission Départementale de liquidation fut dissoute à son tour le 31 juillet 1927 après avoir épuisé ses rôles. Depuis cette date, toutes les demandes sont examinées par le Tribunal des Dommages de guerre de Nancy.

Le tableau ci-dessous indique le nombre et l'importance des demandes d'indemnités présentées :

NOMBRE ET IMPORTANCE DES DEMANDES DÉPOSÉES AU 1ᵉʳ MARS 1923.

	Nombre	Importance
Arrondissement de Bar-le-Duc	14.022	235.156.204
Arrondissement de Commercy	29.885	1.031.263.474
Arrondissement de Montmédy	46.429	1.722.082.525
Arrondissement de Verdun	58.249	2.572.765.118
Total du Département	148.585	5.561.267.221

Pour faciliter le règlement des demandes importantes, des Comités de préconciliation furent créés : un comité dépar-

temental pour les demandes supérieures à 500.000 francs en
perte subie et un Comité Central pour celles qui dépassaient
1 million. Le dossier revenait ensuite pour être sanctionné
devant les juridictions normales.

Travaux du Comité départemental de préconciliation :

	Dossiers déposés
Forêts et Etangs	99
Affaires diverses	25
Affaires industrielles	15
Total	139

Travaux du Comité Central de préconciliation :

Forêts	6
Affaires industrielles	11
Affaires diverses	2
Mines	2
Total	21

Enfin, l'article 12 de la loi du 17 avril 1919 accorde pour
la reconstitution des édifices publics ou cultuels les sommes
nécessaires à leur restauration complète. Pour les mairies,
écoles, églises, un conseil spécial, émanation du Conseil départemental des bâtiments civils et du Conseil départemental
d'hygiène a été créé pour examiner les projets de reconstruction déposés par les communes. Son avis était transmis
ensuite avec le dossier aux organismes d'évaluation.

Telles ont été dans leur ensemble les opérations d'évaluation
du département de la Meuse. Ces évaluations se sont élevées
à 3.852 millions dont :

923 millions pour les dommages mobiliers et
2.929 millions pour les dommages immobiliers.

L'abattement moyen par rapport aux demandes présentées

est donc de 32 %. Le pourcentage de dévastatation du départ-tement de la Meuse a été estimé à 6,1 % de l'ensemble des dommages subis par les départements sinistrés.

REVISION DES INDEMNITES

La loi du 2 mai 1924 a precrit la révision de tous les dossiers dont la demande en perte subie dépassait 500.000 francs. L'examen en est confié au Comité Central de préconciliation qui statue, avec appel possible, devant la Commission supérieure. Dans la Meuse, d'ailleurs, 27 dossiers ont été soumis à cette révision.

Enfin, la loi du 23 mars 1928 a attribué aux industriels des frais supplémentaires pour la reconstitution de leurs produits finis, c'est-à-dire de leurs stocks de marchandises prêtes à être livrées au commerce. La loi de 1919 était muette à ce sujet. Au début, de nombreuses commissions ont accordé des frais suplémentaires, puis une décision de la Commission supérieure établissant la jurisprudence les a refusés.

Pour réparer cette injustice, des Commissions de révision ont été formées dans les départements, étant entendu qu'une caisse de compensation fonctionnerait pour que les industriels soient traités sur un pied d'égalité.

Dans la Meuse, 34 dossiers seulement étaient susceptibles d'être révisés dans le sens d'une diminution possible ; neuf demandes ont été présentées en vue d'une attribution de frais supplémentaires.

La Commission aura terminé ses travaux avant la fin de l'année ; j'ajoute que ses décisions sont susceptibles d'un recours devant un Comité d'arbitrage.

En somme, les deux lois de révision n'auront pas de répercussion sensible, dans le département de la Meuse, sur l'ensemble des dommages de guerre, tels qu'ils ont été évalués dans les conditions de la loi du 17 avril 1919.

Règlement des indemnités

Les services départementaux ont à rembourser 3.919 millions d'indemnités de dommages de guerre.

Au début, les évaluations n'étant pas encore faites, des comptes provisoires furent ouverts au nom des sinistrés qui bénéficiaient d'avances à valoir sur leurs indemnités futures. Toutefois, 8.700.000 fr. d'acomptes ont été versés au titre du décret du 20 juillet 1915, qui avait déjà institué une procédure régulière d'évaluation.

AVANCES.

Elles ont été accordées pour remédier aux cas les plus urgents. Elles s'appliquaient aux catégories suivantes :

1° Avances pour reconstitution définitive d'immeubles ;
2° Avances pour reconstitution de mobilier familial ;
3° Avances pour remplacement de bicyclettes ;
4° Avances pour reconstitution de mobilier professionnel ;
5° Avances pour fonds de roulement aux agriculteurs ;
6° Avances aux industriels et chefs d'entreprise ;
7° Avances pour fonds de roulement aux artisans ;
8° Avances pour frais d'établissement de dossiers ;
9° Avances sur bons de réquisitions ennemies ;
10° Avances pour réquisitions de chevaux, véhicules ;
11° Avances aux Municipalités ;
12° Avances pour la construction de bâtiments semi-provisoires ;
13° Avances pour compensations :
  a) avec les contributions directes ;
  b) avec les produits divers ou recettes d'ordre ;
  c) avec les mutations par décès ;

14° Avances sur intérêts ;

15° Avances remboursables aux sociétés coopératives ;

16° Subventions aux sociétés coopératives.

ACOMPTES.

Lorsqu'un titre de créance est émis, un compte définitif est ouvert au nom du sinistré au Crédit National et à la Préfecture. Dès lors, des acomptes peuvent être versés aux sinistrés ou aux groupements de sinistrés par le Crédit National sur réquisition du Préfet. Cependant, pour les titres de non remploi qui représentent environ 100 millions, le règlement en annuités de la perte subie est effectué directement par le Crédit National.

Dans les deux premières années du fonctionnement des acomptes, il a été payé :

en 1920 .... 19 millions

en 1921 .... 122 millions

Au 1ᵉʳ mars 1923, il avait été payé 477 millions en argent et 13 millions en nature. Par application de l'article 46 de la loi du 17 avril 1919, les sinistrés pouvaient également demander l'imputation des dettes qu'ils pouvaient avoir à l'égard de l'Etat, notamment de leurs impôts. Le règlement par compensation a été de plus en plus restreint par des lois.

Les modalités de paiement devinrent de plus en plus variées : les accords de Wiesbaden permirent aux sinistrés de recourir, à partir du 20 juillet 1922, aux prestations en nature fournies par l'Allemagne en exécution de l'annexe IV, partie 8 du traité de paix.

La loi du 23 juillet 1921, dispensa du remploi le règlement des indemnités pour les meubles meublants, moyennant un abattement de 15 % et paiement en rentes.

La loi du 31 juillet 1920, modifiée par celle du 24 mars 1921, permit aux sinistrés, aux groupements de sinistrés et aux collectivités de demander un titre d'annuités à quinze ou trente ans, susceptible de gager un emprunt.

La situation financière au 1ᵉʳ mars était la suivante :

Nombre de comptes tenus 77.137
Comptes définitifs ouverts 60.175
Montant des titres reçus .... 3.055 millions

Avances accordées :

      espèces .... 684 millions

      nature .... 112 —

Acomptes :

      espèces .... 477 —

      nature .... 13 —

Conversion en titres de rente .... 28 —
Titres d'annuités .... 54 —

Soit au total .... 1368 millions

de dommages de guerre remboursés, dont 100 millions environ pour la reconstitution industrielle.

Puis, des obligations de la défense nationale décennales 1919-1929 furent émises. Au début, elles étaient toutes négociables ; puis une partie du contingent fut inaliénable.

En 1925, les obligations 1925-1931 succédèrent aux obligations 1919-1929.

Au 31 août 1925, les remboursements suivants avaient été effectués :

Mobilier .... 456 millions
Immeubles non bâtis .... 82 —
Immeubles bâtis (coopératives) .. 735 —
   —   — (isolés) .... 744 —
Immeubles par destination ...... 220 —
Emprunts .... 285 —
Conventions de paiements ...... 16 —
Conversion en rentes .... 61 —

Soit au total .... 2.599 millions

A cette époque, l'Etat s'était donc libéré des 2/3 de la dette.

En 1926, apparurent les titres décennaux d'annuités capitalisés à 6 % et remboursables en 20 semestres. De plus, des titres quadriennaux étaient délivrés sur le vu d'un projet de reconstruction. Ces titres qui constituaient plutôt une ouverture de crédit qu'un paiement véritable, donnaient droit à des règlements échelonnés de 6 mois en 6 mois sur production de mémoires de travaux. Ils n'eurent d'ailleurs qu'un succès limité.

La loi du 27 février 1926, modifiée par les lois de finances successives, a réservé les paiements en espèces : 1° aux reconstructions, dans la commune du lieu du dommage, des maisons d'habitation et des bâtiments agricoles ; 2° à la reconstitution du domaine public des départements, communes et établissements publics ; 3° jusqu'à concurrence d'une somme d'ailleurs minime, à la reconstitution mobilière. Les autres dommages devaient être réglés avec des titres décennaux, des conventions d'annuités à quinze ou trente ans ou des prestations en nature.

Au 31 août 1926, la décomposition des paiements était la suivante :

Compensations	43.000.000
Espèces	1.644.000.000
Obligations de la défense nationale aliénables	451.000.000
Obligations de la défense nationale inaliénables	77.000.000
Titres décennaux	17.000.000
Titres quadriennaux	15.000.000
Conversions en rentes	66.000.000
Prestations en nature	37.000.000
Nature	135.000.000
Emprunts	307.000.000
Conventions par annuités	18.000.000
Total	2.810.000.000

Il ne restait donc plus à payer qu'un 1/4 des indemnités.

A l'heure actuelle, les paiements se font d'après les mêmes règles; toutefois les titres quadriennaux ont été supprimés et les titres décennaux d'annuités ont été remplacés depuis la loi du 30 juin 1928, par des titres de rente 5 % négociables et remboursables en quinze ans par voie de tirage au sort.

Au 30 novembre 1928, la situation était la suivante :

	R. I. B.	Non R. I. B. mobilier non-bâti et destination
Montant des dommages	2.600.000.000 »	1.319.000.000 »
Non remploi	54.000.000 »	47.000.000 »
Reste à payer	2.546.000.000 »	1.272.000.000 »
Paiements effectués		
Espèces	1.337.500.000 »	491.700.000 »
O. D. N. A.	340.050.000 »	110.650.000 »
O. D. N. I.	37.000.000 »	64.050.000 »
Titres décennaux	107.450.000 »	75.200.000 »
Titres quadriennaux. Certificats k. délivrés	19.150.000 »	»
Titres obligations 5 % à 15 ans ...	10.300.000 .»	19.800.000 »
Compensations	29.900.000 »	20.400.000 »
Conversions en rentes	»	74.230.000 »
Emprunts	357.000.000 »	2.550.000 »
Prestations	»	47.930.000 »
Nature	33.750.000 »	106.600.000 »
Totaux au 30 novembre 1928 ..	2.272.000.000 »	1.013.300.000 .
Reste à payer par les services départementaux	274.000.000 »	258.700.000 .
		532.700.000 »

Comme certaines indemnités ne seront jamais complètement
épuisées, il reste pratiquement à régler environ 10 % des dommages de guerre.

Je crois utile de rappeler succinctement comment, dans le
département de la Meuse, ont fonctionné les emprunts, les
coopératives et les prestations en nature.

EMPRUNTS.

Pour remédier aux difficultés de paiement, la loi du 31 juillet 1920, complétée par celle du 24 mars 1921, a permis aux
sinistrés, groupements de sinistrés ou collectivités, d'obtenir
des certificats provisoires globaux de dommages de guerre,
leur permettant de demander au Ministère des Finances un
paiement par 15 ou 30 annuités. Les titres d'annuités sont

susceptibles d'être mis en nantissement pour gager un emprunt. Les fonds sont déposés dans une banque qui les verse au fur et à mesure de la reconstruction.

La ville de Verdun, obtint ainsi, le 23 avril 1921, un certificat global de 60 millions; puis les quatre Unions de coopératives passèrent une convention de 100 millions avec le Ministère des Finances ; le Groupement légal des sinistrés d'Etain reçut un certificat de 6 millions. Le département de la Meuse a participé dans l'emprunt des Eglises pour 14 millions.

En 1923, l'Administration prévoyait un programme de travaux s'élevant à une somme comprise entre 450 et 500 millions, alors que la dotation annoncée se montait à la moitié environ. Il était donc nécessaire de prévoir d'autres ressources et c'est ainsi que le département fut amené à envisager un emprunt.

Le 2 novembre 1922, une circulaire fut envoyée aux maires pour demander aux sinistrés ce qu'ils comptaient entreprendre en 1923 comme reconstruction. Puis une autre circulaire du 22 décembre 1922 a prescrit la constitution dans chaque commune d'un comité local en vue d'établir un ordre de priorité entre les sinistrés et d'engager ceux-ci à participer à un emprunt. Il était expliqué que les fonds d'Etat ne pourraient s'élever qu'à 50 % des dépenses, à 60 % au grand maximum, et que le futur emprunt devait fournir le complément.

Comment cet emprunt serait-il réalisé ?

Le Conseil général marqua sa préférence pour un emprunt unique. Lors d'une réunion tenue à Verdun, le 11 février 1923, il fut entendu que les quatre unions de coopératives demanderaient un certificat global provisoire de 200 millions, à charge par elle de céder 80 millions à des groupements à venir. Il ne fallait pas, en effet, abandonner les sinistrés isolés. Le certificat provisoire sera remis à une société anonyme — le Groupement départemental pour la reconstitution immobilière bâtie — chargé de le négocier. Ce groupement est présidé par M. Taton-Vassal, député.

Le nécessaire a été fait, mais le ministère des Finances ainsi que les Etablissements de crédit appelés à fournir les fonds d'emprunt ont préféré à cette formule un peu complexe celle d'un emprunt présenté par le département de la Meuse.

Le département fut autorisé à émettre un emprunt de 200 millions en deux tranches de 100 millions. La situation des crédits permit de se borner à l'émission de la 1re tranche. Il y avait cependant pour 175 millions d'adhésions de la part des sinistrés qui consentaient à une perte évaluée à cette époque à 8 % résultant des frais de négociation du titre d'annuités. Il fallut donc réduire de 40 % le montant des adhésions.

L'émission de l'emprunt dans le public commença le 9 juillet 1923. Les fonds furent versés dès le 10 août.

La deuxième tranche de 100 millions n'a pas été utilisée. Actuellement 206.000 francs seulement sont disponibles sur l'emprunt départemental.

Voici la liste des emprunts qui intéressent les sinistrés de la Meuse :

Montant des emprunts	333.672.000
Montant des certificats de remploi à émettre pour liquider l'emprunt....	301.075.000
Reste à payer	20.930.000

	Montant brut des emprunts	Certificats à émettre
Emprunt des coopératives	100.000.000 »	1.972.000 »
1er emprunt de Verdun	60.000.000 »	1.318.000 »
2e emprunt de Verdun	25.000.000 »	5.089.000 »
1re emprunt d'Etain	6.300.000 »	217.000 »
2e emprunt d'Etain	1.600.000 »	2.000 »
1er emprunt des Eglises	17.000.000 »	894.000 »
2e emprunt des Eglises C. 1358 ...	6.181.000 »	1.759.000 »
3e emprunt des Eglises 1928	9.290.000 »	7.161.000 »
Emprunt départemental	100.000.000 »	77.000 »
Groupement forestier	524.000 »	»
Outillage sinistré	2.099.000 »	5.000 »
Groupement moyen d'habitation ..	102.000 »	»
Groupement Aisne, Ardennes. Marne et Moselle	»	5.260.000 »
Groupement des brasseurs sinistrés	63.000 »	»
Office de vérification A. L.	253.000 »	»
	333.672.000 »	18.494.000 »

Sociétés coopératives de Reconstruction

La loi du 17 avril 1919, a prévu la constitution de sociétés coopératives de reconstruction; mais celles-ci devaient fonctionner sous le régime de la loi du 1er juillet 1901.

Le sinistré adhérent déléguait tout ou partie de ses indemnités de dommages de guerre à la coopérative qui dirigeait et réglait les travaux et récupérait ses dépenses sur l'Etat. Le gros inconvénient était que les coopérateurs pouvaient à chaque instant démissionner alors que la coopérative avait engagé de grosses dépenses. Aucune garantie ne subsistait.

La loi du 15 août 1920 a remédié à cet état de choses, en subordonnant les démissions au consentement de l'Assemblée générale.

D'autre part, de nombreux avantages furent conférés aux coopératives : 1° une subvention de 1 % des travaux pour aider au fonctionnement de la société ; 2° des avances remboursables pouvant s'élever au 1/4 du programme annuel de travaux, constituaient un sérieux fonds de roulement.

L'Etat, devenu ainsi créancier des coopératives, pouvait désormais ajouter un contrôle effectif aux interventions purement morales qu'il pouvait se permettre dans le fonctionnement de ces sociétés. C'est ainsi que le contrôle des coopératives — service rattaché à l'origine au Génie rural — fut créé en 1920.

D'autre part des Unions de coopératives pouvaient être organisées en vue, soit de tenir la comptabilité, soit de donner des conseils juridiques aux sociétés adhérentes, soit de réaliser des emprunts.

Les coopératives constituées avant la loi du 15 août 1920. durent donc être réformées pour que leurs statuts fussent en harmonie avec la nouvelle législation.

	Au 1er août 1921	Au 1er mars 1921
Nombre de coopératives approuvées	190	226
Nombre de communes adhérentes	»	265
Nombre d'adhérents	9.362	9.963

Les 4 unions d'arrondissement furent en plein fonctionnement, dès le début de 1922, et elles fondèrent une Fédération départementale, présidée par M. Lecourtier, Sénateur de la Meuse.

A la date du 30 novembre 1928, le département de la Meuse comptait 246 coopératives approuvées, réunissant 18.322 adhérents et 1.167.336.770 francs d'indemnités. Au titre des avances remboursables, l'Etat leur a versé 243 millions, soit en espèces, soit en obligation, soit en nature.

Quant aux paiements définitifs, ils s'élevaient au 30 novembre 1928 à :

1° Paiements directs	681.663.246	fr.
2° Réductions d'avances remboursables ..	202.249.805	»
3° Paiements sur l'Emprunt 1922.......	103.914.097	»
4° Paiements sur l'Emprunt 1923	85.998.004	»
Soit au total	1.073.825.152	»

Les coopératives eurent le gros avantage de répartir judicieusement les architectes et les entrepreneurs qui, sans elles, eussent dispersé leurs efforts. D'autre part, elles ont rendu plus facile, en établissant des programmes, la répartition des crédits mis à la disposition de la reconstruction. Enfin, elles ont permis à des sinistrés, peu au courant d'une législation toute nouvelle, d'obtenir satisfaction.

Les coopératives, dans la Meuse, ont rempli leur rôle d'une manière digne d'éloges.

Pour beaucoup d'entre elles, les travaux sont terminés; pour certaines, ils sont complètement réglés. Au 1er décembre, 33 coopératives ayant liquidé leurs comptes ont prononcé leur dissolution, et ont réparti leurs bénéfices de la façon suivante :

	Francs.
Communes	321.155
Office départemental de l'Hygiène sociale	68.626
Office des Pupilles de la Nation	12.300
Office des Mutilés	14.750
Fédération Meusienne des Anciens Combattants	30.200
Caisse des Ecoles des communes	18.900
Bureaux de Bienfaisance des communes	47.750
Œuvre des blessés de la face	10.700
Bibliothèques municipales	3.300
Office départemental des Habitations à bon Marché	37.900
Préventorium Emile Thomas-Guérin	7.450
Pupilles de l'Ecole publique	17.600
Office National du Combattant (Section de la Meuse)	4.400
Œuvres diverses	2.100
Total	597.131

A la fin de l'année, une cinquantaine de société seront dissoutes. L'année 1929 verra la disparition de la plupart d'entre elles.

Je tiens à faire une mention spéciale à la coopérative des mairies-écoles. Placée sous la présidence de M. Loyseau du Boulay, cette coopérative a été approuvée le 17 mars 1923 ; elle a entrepris la construction de 112 mairies-écoles, de 17 écoles et de 14 mairies et annexes. Grâce à elle, le département de la Meuse pouvait dire, dès 1926, que toutes les écoles étaient ouvertes.

Prestations en nature

Les prestations en nature furent effectuées dès le début, par des envois faits par l'Allemagne à l'Etat Français, qui en assurait la distribution entre les sinistrés. Ainsi furent envoyés des convois d'animaux, de machines agricoles, de matériaux de construction, de semences, d'engrais. A l'heure actuelle, ce procédé n'est utilisé que pour ces deux dernières catégories de marchandises.

En 1922, intervinrent les accords de Wiesbaden (accords Gillet), qui ont organisé un nouveau régime de prestations en nature, mis en application à partir du 20 juillet 1922. Suivant que les prestations étaient sollicitées par une coopérative ou par un sinistré isolé, le contrat devait être passé, soit par la Confédération générale des coopératives, soit par des mandataires agréés par l'Administration. Des ouvertures de crédit étaient imputées aux comptes des demandeurs et le contrat était soumis à l'acceptation de la Commission des réparations

La marchandise commandée, payée par l'Etat français au fournisseur, devait être employée dans les régions libérées. Lorsque la livraison était constatée et que le remploi avait été vérifié, le compte du sinistré était débité définitivement. Ce procédé a été appliqué jusqu'à l'occupation de la Ruhr. À partir de ce moment les prestations se bornèrent aux bois saisis en territoires occupés.

En 1925, les prestations en nature, au titre des réparations, furent reprises en exécution du plan des experts et des accords de Londres. Le règlement consécutif a été publié au *Journal officiel* du 19 juillet 1925. Désormais, les sinistrés peuvent obtenir des prestations en s'adressant directement aux fournisseurs allemands. Le contrat qui devient ainsi de droit commun est soumis à l'agrément de la Commission des Réparations, puis le règlement est effectué par une traite tirée par le Ministère des Finances sur l'agent général des paiements.

Les marchandises sont passibles d'un droit de douane de faveur si elles sont utilisées dans les Régions Libérées et le montant du contrat est imputé sur le disponible du compte de dommages de guerre.

Les prestations en nature peuvent être autorisées, soit sous forme d'acompte (paiement libératoire et définitif), soit sous forme d'avance grevée d'une obligation de remploi. Suivant les époques et les circonstances, des limitations ont été apportées, soit en ce qui concerne la nature des marchandises autorisées, soit en ce qui concerne la faculté de revente.

Règlement des Intérêts

Les intérêts dus par l'Etat sur la perte subie par les sinistrés, sont réglés directement par le Crédit National. Ils sont payés actuellement avec des obligations sexennales inaliénables de la défense nationale.

SERVICES TECHNIQUES

DE RECONSTITUTION

A l'origine, le problème de la reconstitution au point de vue technique était envisagé sous un double aspect.

a) la reconstitution provisoire qui était fonction de la rentrée des habitants ;

b) la reconstitution définitive.

Pour ce faire, on estimait que les sinistrés, sauf dans des cas exceptionnels, seraient impuissants à y parvenir par leurs propres moyens, même en recourant à des entrepreneurs, car ceux-ci faisaient eux-mêmes défaut. L'Etat dut donc suppléer à cette carence en exécutant les travaux en régie qui supposaient un recrutement de main-d'œuvre et des surveillants de travaux. Naturellement, les sinistrés conservaient la faculté d'exécuter ou de faire exécuter leurs travaux par l'entreprise privée. Les services techniques comprenaient en conséquence des services de *direction :* Service d'Architecture, Service du Génie rural et Service Agricole et *un service d'exécution* dit Service des Travaux de Première Urgence (S. T. P. U.), remplacé ultérieurement par le Service des Travaux d'Etat (S.T.E.). Chacun des trois services de direction avait des secteurs déterminiés, avec des agents locaux distincts. Il en résultait des conflits d'attribution et un manque d'unité dans l'application des directives données par la Direction Générale des services techniques. On a divisé en 1920, le territoire du département en 16 subdivisions dirigées par des chefs de subdivision ayant sous leurs ordres directs des représentants des trois services. Les sinistrés eurent ainsi plus de facilités pour obtenir des renseignements.

Le service d'exécution réalisait les travaux qui étaient désignés sur les bons d'exécution délivrés par les services de direction.

Progressivement, les entrepreneurs affluèrent dans les régions libérées et le système de la régie fit place à celui de l'entreprise. Enfin, on put renoncer aux travaux entrepris ou commandés par l'Etat pour le compte des sinistrés. Ceux-ci procèdent à la reconstitution de leur sol, de leurs immeubles, l'Etat se bornant à rembourser les dépenses après vérification.

Service d'exécution

(S.T.P.U. puis S.T.E).

Le service des travaux de première urgence eut au début un caractère mi-civil, mi-militaire C'est que la plus grande partie de la main-d'œuvre était fournie par l'armée dont la démobilisation n'était pas achevée et par les prisonniers de guerre. Les circonscriptions à l'origine correspondaient au territoire de la région, si bien que l'organisation chevauchait sur la Meuse et la Meurthe-et-Moselle. La base départementale fut ultérieurement adoptée. Le département de la Meuse était divisé en deux secteurs : le secteur de Verdun et le secteur de Saint-Mihiel.

A la fin de 1919, les effectifs du service des T.P.U. étaient les suivants :

Services administratifs	224
Surveillants	201
Travailleurs civils	3.143
Prisonniers de guerre	56 compagnies
Comprenant	20.600 P. C.

Le S. T. P. U. s'approvisionnait en matériaux aux Ponts et Chaussées, à l'Office des matériaux et dans les parcs du génie. Il disposait de chevaux et de matériel provenant de l'armée.

Il s'occupait de la remise en état du sol, de l'enlèvement des fils de fer barbelés, de réparations d'immeubles, de construction de baraques, de curage de puits, de déblaiement; il fournissait du personnel à la motoculture, à la société tiers-mandataire, au service de désobusage, etc...

Le départ des prisonniers de guerre diminua brusquement l'importance de ce service qui, le 1er août 1919, fut remplacé

par le service des Travaux d'Etat réparti en trois secteurs :
Verdun, Saint-Mihiel et Vilosnes (puis Dun) pour l'arrondissement de Montmédy. Chaque secteur était lui-même composé
de plusieurs subdivisions. Ce service fut supprimé le 15 mars
1920.

Transports

Au début, l'organisation des transports dans les régions libérées fut capitale : les chemins de fer ne fonctionnaient qu'en partie, les moyens locaux de transport avaient presque disparu, alors qu'un mouvement de matériaux dépassant toutes les prévisions s'imposait aux services publics. Il fallait, en outre, assurer le ravitaillement de la population. Ou eut donc recours à l'armistice aux ressources des armées : camions, voitures automobiles, chevaux, voie de 60.

Service automobile.

Pour le service automobile, le département de la Meuse fut rattaché à l'origine à Nancy. Il devint départemental le 12 mai 1919.

En avril 1919, il comportait 145 camions, dont 58 seulement étaient en état de marche et 38 voitures de tourisme.

Un atelier départemental fut installé à Verdun et commença à travailler le 1er août 1919. Des bureaux de transports furent créés à Bar-le-Duc, Commercy, Saint-Mihiel, Verdun, Stenay, Montmédy, pour établir les ordres de priorité des transports. Un agent, à Bar-le-Duc, était en liaison avec le bureau d'affrêtement de Nancy pour la fourniture des péniches. Un dépôt d'essence fut installé à Dugny.

En janvier 1920, le service avait en charge 880 camions ou camionnettes qui déplaçaient mensuellement 760.000 tonnes kilométriques.

Puis le matériel et le personnel allèrent en diminuant : en juillet 1921, il n'existait plus que 629 camions, en février 1922, 189 seulement.

En juin 1922, leur nombre était tombé à 43. Les voitures de

tourisme destinées au tranport du personnel se réduisaient dans les mêmes proportions.

Depuis le 1ᵉʳ janvier 1923, les transports nécessaires sont confiés à l'entreprise. Tout le matériel et les installations ont été vendus.

SERVICE HIPPOMOBILE.

En octobre 1919, il existait dans le département trois sections hippomobiles de 130 chevaux chacune, relevant du service des Travaux d'Etat.

Les parcs d'artillerie ont fourni les harnachements et les véhicules. En février 1920, le dit service hippomobile a pris en compte cette cavalerie qui a été portée à 3.000 animaux répartis en 10 sections et surveillés par des vétérinaires.

Le service hippomobile exécutait les transports pour les services d'exécution de la reconstitution et prêtait des chevaux aux cultivateurs.

Les chevaux furent progressivement mis en vente, si bien qu'au début de 1921, il restait en service 404 animaux seulement. Tout fut liquidé le 31 décembre 1921.

VOIE DE 60.

Le réseau de voie de 60 fut constitué par les lignes établies par les armées françaises, américaines et allemandes. Il fut exploité dès le mois de mai 1919 par un service spécial qui dépendait de la Direction Générale des Transports Généraux au Ministère des Régions Libérées. Dans le département, il existait un chef de réseau à Verdun et quatre sections ayant pour centres Verdun, Cheppy, Etain et Vigneulles. Il s'agissait d'utiliser et d'aménager des moyens de transport pour renforcer les voies ordinaires de communication. Une partie des voies existantes avait été déposée par le Service des Travaux de première urgence, par l'Office de Reconstitution Industrielle et par les habitants.

On commença par exploiter 250 km. de voies et par en remettre 150 km. en état d'exploitation. Dès le mois de juin 1919, on a pu transporter 36.000 tonnes kilométriques par mois au profit du Service des Travaux de Première Urgence, des Ponts et Chaussées, de l'Intendance et de l'Artillerie qui concentrait les munitions au fort du Rozellier. La réfection des routes nécessitait aussi de gros transports de matériaux.

En juillet 1920, 759 km. étaient exploités ; les lignes étaient les suivantes :

Ouest et Nord-Ouest.

Verdun, Rarécourt, Lempire, Souhesmes, Vadelaincourt, Souilly, Heippes.

Souhesmes, Dombasles.

Dombasles, Froidos, Lavoye (embranchement sur Parois).

Dombasles, Cierges, Romagne-sous-Montfaucon, Villers-devant-Dun, Saulmory (embranchements sur Dun, Esnes, Montzéville, Montfaucon).

Sud et Sud-Est.

Verdun, Marre, Chattancourt.

Montfaucon, Brieulles (embranchements sur Vilosnes).

Cheppy, Montfaucon.

Cheppy, Apremont.

Cheppy, Boureuilles, Neuvilly, Aubréville, Parois (embranchements sur Varennes).

Verdun, Fort du Rozellier.

Verdun, Haudainville, Dieue, Génicourt, Mouilly, Vigneulles, Haudainville, Haudiomont, Manheulles, Pinthe ville, Pareid.

Labeuville, Mars-la-Tour (embranchement sur Fresnes, Bonzée).

Vigneulles, Creue, Chaillon.

Vigneulles, Pannes, Charey, Chambley.

Vigneulles, Latour-en-Woëvre, Labeuville (embranchement Billy-sous-les-Côtes).

Vigneulles, Lachaussée, Chambley.

Vigneulles, Woinville, Xivray, Bois Nauginsard, Le Neuf-Etang.

Vigneulles, Corniéville, Sorcy, Void, Abainville.

La ligne Vigneulles, La Chaussée, Chambley réduit de 12 kilomètres le trajet Vigneulles, Chambley.

Jonville, Lachaussée.

Nauginsard, Broussey, Gironville, Corniéville.

Nord et Nord-Est.

Verdun, Chapelle Sainte-Fine.

Verdun, Vacherauville, Samogneux (embranchement Bras, Beaumont).

Damvillers, Ecurey, Brandeville.

Damvillers, Mangiennes, Pillon, Arrancy (embranchements Etraye, Murvaux, Merles, Saint-Laurent, Romagne-sous-les-Côtes, Villers-sous-Mangiennes, Handeville).

Damvillers, Azannes (embranchements Crépion, Moirey, Flabas, Ville-devant-Chaumont).

Muzeray, Spincourt.

Muzeray, Billy-les-Mangiennes, Bois d'Hingry, La Gélinerie (embranchement Pillon).

Muzeray, Loison, Bellevue, Eton, Baroncourt.

Eton, Bois de Saulx, Foameix, Ornel, Gincrey (embranchements Amel, Senon).

Saint-Jean-les-Buzy, Rouvres, Gouraincourt (Lanhères, Behaut).

Saint-Jean-les-Buzy, Parfondrupt, Pareid (embranchement Hennemont).

Saint-Jean-les-Buzy, Gussainville, Warcq, Etain (embranchement Herméville, Braquis).

Le matériel comprenait 103 machines, 89 locotracteurs et 1.011 wagons. Le tonnage mensuel était monté à 349.000 tonnes-kilométriques.

Un service voyageur desservait la région de Cheppy, Montfaucon, Dun et Brieulles.

En 1921, des compressions furent opérées dans les dépenses

affectant le personnel comme le matériel. Un atelier de réparation fut installé au lieu dit le Vieux Ruisseau, à Thierville, en vue de réparer le matériel sur place, même le matériel automobile ; d'autre part, la réduction du trafic amène à préparer un programme de dépose des voies inutilisées. De 1921 à 1922, le personnel subit une réduction de 80 %.

Le 30 juin 1922, 189 km. seulement étaient exploités. Ils correspondaient aux lignes suivantes :

Verdun-Mouilly et embranchements kms	32
Verdun-Montzéville	23
Montfaucon-Dun	20,600
Etain-Saint-Jean	12.324
Rouvres-Etain-Maucourt	17.049
Buzy-Baroncourt	15.890
Saint-Jean-Pareid-Manheulles	15.566
Muzeray-Etraye	30.260
Vigneulles-Saint-Mihiel	22
Soit exactement	188.689

La gare de raccordement de Buzy avec la Compagnie de l'Est était le nœud des lignes de la Woëvre.

En 1923, des lignes sont abandonnées, le déficit s'accentuant par suite d'un ralentissement dans les travaux de reconstruction. Les dernières lignes qui subsistèrent furent celles de la Woëvre et celle de Montzéville à Verdun.

A la fin de 1923, on s'est préoccupé surtout de vendre le matériel, et d'adjuger les travaux de dépose des voies. Depuis 1924, ce travail de liquidation est terminé.

Le service de la voie de 60 a pris également en charge des voies normales construites pendant la guerre : la ligne 6 *bis* de Dugny à Sommeilles par Souilly et Vaubecourt et la ligne d'Aubréville à Apremont.

La première fut utilisée jusqu'en janvier 1921, notamment pour la récupération des baraquements. La seconde fut exploitée par la Compagnie de l'Est jusqu'en septembre 1920. La reconstitution l'exploita en régie. Mais il y eut déficit. A cette époque, on prévoyait une somme de 200.000 francs pendant trois ans pour la remettre en état.

Au 30 juin 1922, elle fut remise aux Ponts et Chaussées, qui la concédèrent ensuite aux chemins de fer de la Woëvre.

Le service de la voie de 60 prit également en charge, à la fin de 1921, la liquidation des parcs régionaux d'Abainville de Gudmont et de Saint-Loup.

Main-d'œuvre

Lorsque les prisonniers de guerre furent libérés, les services d'exécution de la reconstitution furent privés de la plus grande partie de leur main-d'œuvre et il fallu songer à recruter des ouvriers, notamment des ouvriers étrangers, pourvoir, en conséquence, à leur logement, à leur nourriture et veiller à leur état sanitaire.

Au 1er juillet 1920, la situation de la main-d'œuvre était la suivante :

Français	2.247
Coloniaux	55
Espagnols	117
Portugais	624
Italiens	506
Luxembourgeois	23
Polonais	230
Belges	53
Divers	48

Comme les travaux en régie furent remplacés par des travaux à l'entreprise, ce service, qui, d'ailleurs, n'avait jamais été constitué définitivement fut supprimé.

Matériaux

Le problème des matériaux fut angoissant, dès le début de la reconstruction effective. Il fallait s'en procurer en quantités inusitées et, en même temps, éviter la hausse.

Les Ponts et Chaussées, qui s'occupaient à l'origine de la reconstruction, avaient bien pris des dispositions à cet égard : ils avaient monté des scieries, des fabriques d'agglomérés ; ils avaient contribué à l'installation de la Halle de la Chambre de Commerce. Mais l'organisation avait besoin d'une base plus étendue. Le gouvernement décida donc la création d'un Office des matériaux, qui reçut son organisation définitive en novembre 1919. Son rôle était d'approvisionner les régions libérées et de régulariser les cours des matériaux. L'Office devait fonctionner avec des gares régulatrices et des gares de triage.

Chaque département devait comporter 1 à 3 entrepôts et des stations-magasins et devait, par des organisations locales ou des marchés passés sur place, compléter les approvisionnements commandés par le service central.

Pour la Meuse, trois secteurs furent constitués à Saint-Mihiel, à Verdun et à Dun, avec des stations-magasins, une d'entre elles par secteur étant plus importante que les autres. Ces stations étaient desservies par voie ferrée ou par voie d'eau.

En 1920, on facilita l'installation d'une briqueterie a Azannes : On entreprit l'agrandissement des gares de Verdun (champ de Mars), de Dun et de Varennes. Mais, dès la fin de 1920, on envisagea le remplacement de l'Office des matériaux par des comptoirs d'achat fonctionnant commercialement. Tous les grands projets furent abandonnés et la liquidation totale du service fut prescrite pour le 31 décembre 1921.

L'Office des matériaux approvisionnait les sinistrés, et les

services d'exécution de l'Etat. Il a procédé aux cessions suivantes :

Sur dommages de guerre industriels 4.100.000
Sur dommages de guerre non industriels 13.000.000
Au comptant 12.600.000
Aux services de reconstitution 29.700.000
Aux autres services publics 3.500.000
                                               ____
                                                62.900.000

En 1922, on liquida les installations: Champs de Mars, les
Roises, Chauvoncourt, etc...

Constructions provisoires

L'installation des maisons provisoires destinées au logement des habitants, des animaux et des récoltes fut une des plus graves préoccupations des débuts de la reconstitution.

Les réfugiés affluaient dans les régions libérées, la fabrication des baraquements était presque à créer, les transports étaient paralysés et la main-d'œuvre nécessaire au montage était à recruter.

Ordre fut donné par le Ministère d'utiliser les baraquements militaires — bien qu'ils ne répondissent pas aux besoins — d'organiser et d'intensifier la fabrication sur place des maisons en bois et en matériaux durs. L'Administration centrale passa, de son côté, de gros marchés de fourniture.

Au début de 1919, 1.088 abris provisoires avaient été construits dans la Meuse et dans d'autres départements. Le bois était fourni par le Génie. On fit fabriquer des baraquements à Bar, à Void, à Commercy, à Haironville, etc... une scierie fut installée aux Roises, des fabriques d'agglomérés aux Roises et à Popey.

Les Ponts et Chaussées furent les premiers chargés de ce service. Au cours de 1919, les matériaux furent réceptionnés ou confectionnés, par l'Office des matériaux. Le service des Travaux de première urgence, service d'exécution, était chargé du montage.

En juillet 1920, il existait :

> 664 maisons provisoires en matériaux divers ;
> 3409 maisons provisoires en bois ;
> 1777 écuries ou hangars provisoires.

En 1922, on avait édifié au total plus de 15.000 constructions provisoires et 7 maisons allemandes livrées à titre d'échantillon. Elles n'eurent d'ailleurs aucun succès.

Depuis 1922, non seulement la construction des maisons provisoires a été arrêtée, mais leur liquidation s'est accélérée. Elles ont été vendues par préférence aux propriétaires du terrain ou à des sinistrés.

A l'heure actuelle, 13.320 baraquements ont été cédés pour 10.132.000 francs. Il en reste actuellement 200 à liquider dont certains ne sont pas disponibles.

Occupations temporaires

Pour les besoins immédiats de la reconstitution, il a été nécessaire de procéder à des occupations temporaires, notamment pour les installations de voie de 60 et de baraquements. Le service des Ponts et Chaussées, chargé du règlement de ces indemnités, a presque terminé sa mission.

Zone Rouge

Bien que le législateur de 1919 ait décidé que tout le possible serait fait pour restaurer les régions dévastées et notamment pour remettre le sol en état de culture, il est apparu que certaines contrées avaient été bouleversées à un point tel qu'il ne fallait pas songer à les reconstituer. L'Etat a donc décidé de les racheter.

Aux termes de l'article 46 de la loi du 17 avril 1919, l'Etat doit se rendre acquéreur des terrains dont la remise en état du sol dépasserait la valeur du sol supposé reconstitué.

De l'application stricte de ce texte, il serait résulté que l'Etat eût acquis des îlots de zone rouge disséminés sur le territoire. Cet inconvénient a été évité par l'application du même article de loi qui a prévu que l'Etat *pouvait* se rendre acquéreur des immeubles détruits. Il a donc été possible de constituer des masses de zone rouge susceptibles d'être utilisées dans leur ensemble.

Dès 1919, le bureau topographique de la Reconstitution Foncière, aidé par le Génie Rural, entreprit la délimitation provisoire de la zone rouge et réunit les commissions consultatives communales. En 1922, on prévoyait déjà que le rachat porterait sur plus de 21.000 ha. La procédure consistait à prendre des arrêtés de cessibilité, à déposer en mairie les dossiers aux fins d'enquête et à présenter des propositions de rachat aux propriétaires. En cas d'accord, l'acte était soumis pour homologation à la Commission cantonale et des titres de créance étaient délivrés. En 1923, les notaires furent chargés de dresser les actes en recherchant les origines de propriété. Cette procédure était relativement simple lorsqu'il n'y avait pas d'autres difficultés. Mais la question devenait plus complexe si le propriétaire refusait et elle était presque insoluble si le propriétaire était inconnu ou ne répondait pas à l'Administration, lorsque notamment, de nombreux cohéritiers se partageaient une propriété infime ou sans valeur. Allait-on appliquer la loi de 1841, dont l'interprétation est de droit strict, et qui prévoit une déclaration d'utilité publique ainsi que le paiement préalable de l'indemnité ? La loi du 20 avril 1922, est venue combler cette lacune en simplifiant la procédure et en l'harmonisant avec la législation des dommages de guerre. Toutefois, elle ne fut pas appliquée immédiatement, car les accords avec les sinistrés étaient encore nombreux. En 1923, sur 6.953 propriétaires qui avaient reçu des offres, 5.952 avaient accepté, 398 n'avaient pas pu être joints, 257 avaient refusé et 346 n'avaient pas répondu.

Les accords devinrent de plus en plus rares et, en 1925, il fallut bien recourir à la loi du 20 avril 1922, notamment lorsque le propriétaire réel était inconnu. L'expropriation était alors poursuivie au nom du propriétaire matriciel. D'autre part, de nombreux propriétaires qui contestaient l'expropriation ou qui jugeaient insuffisantes les indemnités proposées firent appel devant le tribunal des dommages de guerre et même devant la Commission supérieure. Il en est résulté de regrettables, mais inéluctables lenteurs. A l'heure actuelle, 10 pourvois sont encore en instance devant la haute juridiction, faisant obstacle à l'utilisation du sol dans 7 communes.

Le rachat ne fut appliqué que là où les terrains bouleversés étaient suffisamment étendus. Ceux-ci forment dans le département, un total de 19.571 ha, répartis en deux grosses masses situées de part et d'autre de la Meuse. Il faut y ajouter quatre autres zones moins importantes en Argonne, à Vauquois, aux Eparges, et en forêt d'Apremont. Cette zone rouge intéresse 46 communes, dont 11 sont totalement expropriées.

Il existait encore des terrains devenus incultivables, mais ils étaient tellement dispersés qu'ils ne furent pas rachetés. Ils furent désignés dans le département sous le nom d'îlots de zone rouge. Au début, les Commission cantonales allouaient pour ces îlots des indemnités payables sur titres de créance ; depuis deux ans, les indemnités sont réglées en espèces par mandats budgétaires.

Utilisation de la zone rouge.

La loi du 24 avril 1923 a fixé la destination à donner à ces terrains rachetés. Ils sont répartis en trois catégories :

1° Ceux qui sont susceptibles d'être remis en état de culture ;

2° Ceux qui doivent être boisés ;

3° Ceux qui doivent être classés comme vestiges de guerre ou transformés en camp d'instruction militaire.

Ce classement fut préparé par le Service de la Reconstitution Foncière, puis par le Service Technique, après consultation des Maires, du Service Forestier et du Service Agricole.

Sauf pour la butte de Montfaucon, la zone rouge est définitivement classée. Les terrains de première catégorie sont d'abord lotis, puis remis aux domaines qui doivent les vendre dans les conditions fixées par la loi du 24 avril 1923.

Les terrains de deuxième catégorie sont remis au Service des Eaux et Forêts ; ceux de troisième sont remis, suivant le cas, au Ministère de l'Instruction Publique et des Beaux-Arts ou au Ministère de la Guerre.

Au 30 novembre 1928, 3.980 hectares avaient été remis à l'Administration des Domaines; 13.404 hectares à l'Administration des Forêts. Il reste à remettre aux Domaines 684 hectares, mais cette mutation est rendue impossible pour le moment en raison de pourvois formés devant la Commission supérieure ; les parties non encore expropriées formeraient des enclaves dans les lots constitués et les rendraient pratiquement invendables.

En ce qui concerne les terrains de deuxième catégorie, tout ce qui a été exproprié a été dévolu à l'Administration Forestière. Du reste, dans ce domaine, la remise peut être effectuée sans inconvénient, au fur et à mesure que l'expropriation est acquise.

Seule, une partie de la butte de Vauquois est classée comme vestige de guerre.

Il reste encore à classer la butte de Montfaucon qu'il serait désirable de conserver comme site de guerre. Cette proposition a été admise en principe, mais la délimitation précise du terrain qui doit être maintenu ou plutôt entretenu dans son état de dévastation actuelle, ne pourra être effectuée qu'au moment où le projet de monument américain sera définitivement arrêté.

Enfin, la Municipalité de Verdun a demandé que la région de Douaumont, classée en deuxième catégorie, soit également conservée comme vestige de guerre. La question est actuellement soumise à l'examen de l'Administration centrale.

Remise en état du sol

La remise en état du sol a été déclarée obligatoire pour l'Etat, sauf en ce qui concerne la zone rouge, par l'article 60 de la loi du 17 avril 1919. On dut procéder au nettoyage et au nivellement du terrain. Ce rôle a été dévolu au début au Génie Rural et au Service des Munitions. D'autre part, il a fallu donner au sol les premières façons culturales sous la surveillance du Service Agricole ; enfin, il fut nécessaire de rétablir les limites de propriétés confondues par les événements de guerre. Cette dernière mission fut confiée à la Reconstitution Foncière.

Rétablissement des limites.

Le service de la Reconstitution Foncière a prêté un actif concours à la Direction des Contributions Directes pour la reconstitution des documents cadastraux. Mais son action porta surtout sur le rétablissement des limites de propriétés.

La loi du 4 mars 1919 a créé, dans chaque commune où les limites des parcelles de propriétés non bâties ont été d'une façon générale supprimées, une commission destinée : 1° à rechercher ou à rétablir les limites disparues ; 2° à provoquer les opérations d'échange et de remembrement amiables.

A ce point de vue, 413 communes furent consultées, mais 150 seulement furent retenues. Sur ce nombre, 122 demandaient simplement le rétablissement des limites et 28 un nouveau lotissement. Les Commissions communales furent constituées dès cette époque et on établit un ordre d'urgence pour l'exécution.

Au début de 1922, dans 17 communes, les limites avaient été rétablies et 5 remembrements étaient en cours. C'est que les opérations étaient très compliquées et, partant, très lentes.

Actuellement, le rétablissement des limites a été terminé

dans toutes les communes dont les droits ont été reconnus, c'est-à-dire dans 122 communes correspondant à 20.238 hectares.

Les remembrements ont été effectués dans 17 communes, pour 6.615 hectares.

Le service de la Reconstitution Foncière a été supprimé à la date du 30 juin 1926, les opérations ont été prises en charge par le Service Technique et, depuis le 1ᵉʳ janvier 1928, par le Génie Rural à Nancy.

Il reste à achever le remembrement dans 11 communes et le rétablissement des limites dans 6 comunes.

Désobusage.

Le service chargé de l'enlèvement des munitions dit Service de Désobusage a toujours été un service militaire, mais en 1920, il fut rattaché au service de reconstitution (génie rural); le service des travaux de première urgence fournissait la main-d'œuvre nécessaire pour renforcer les équipes d'artificiers. Au 1ᵉʳ janvier 1922, l'Administration de la guerre reprit la direction complète du service.

Le personnel était réparti en sections et en équipes, chacune d'elles dirigée par un chef d'équipe, ayant sous ses ordres, trois ou quatre artificiers et des manœuvres.

En janvier 1921, il existait 5 chefs de sections et 71 chefs d'équipe, 291 artificiers et 122 manœuvres.

Il restait à cette époque 74 communes à désobuser. Pour fixer les idées, à cette époque en 6 mois, ce service a détruit 3.300 tonnes de munitions.

Le désobusage en surface des terrains situés en dehors de la zone rouge a été terminé vers la fin de 1921. L'Administration militaire a passé, pour le désobusage, un marché qui est actuellement en cours.

Au 30 juin 1928, 52.509 tonnes de munitions avaient pu être détruites.

En ce qui concerne la remise en état du sol proprement dite, on a commencé sous la direction du Génie rural à enlever les fils de fer et à combler les tranchées et trous d'obus.

Le service des travaux de première urgence était chargé de l'exécution de ces travaux. Naturellement, la main-d'œuvre faisant défaut, il fallut établir un ordre de priorité. Vu le peu d'habitants rentrés susceptibles de cultiver, on débarrassa les prairies de préférence aux terrains de culture. Pour ceux-ci, des conventions étaient passées avec les propriétaires.

La tâche était immense si l'on considère que 200.000 hectares étaient à remettre en état de culture, les tranchées à combler représentaient le déplacement de 28 millions de m³ et les réseaux de fil de fer 54 millions de m². Au 1er mars 1922, 141.000 hectares de terrains de culture étaient nivelés et 28 millions de m² de réseaux étaient enlevés.

Pour les réseaux arrachés, on a cherché au début à s'en débarrasser, car ils étaient considérés comme des encombrements n'ayant aucune valeur : On se bornait à les stocker sur des points indiqués par les municipalités. On passa cependant, en 1922, des marchés d'essai, dans les régions de Dieue et de Spada, pour écouler cette ferraille. Depuis lors, celle-ci est recherchée par l'industrie et son enlèvement, au lieu d'être onéreux pour l'Etat, devint une source de profits. Les réseaux de fils de fer purent donc être compris dans les marchés généraux de récupération.

Récupération.

La récupération du matériel et des épaves de guerre avait été organisée en 1919, par la liquidation des stocks; elle rentra dans les attributions des services techniques de reconstitution le 1er juillet 1922. Tout d'abord, on récupéra les objets utilisables : vêtements, campements, armes, voie Péchot; puis on vendit le matériel hors d'usage. Au 28 février 1923, il en avait été vendu pour plus de 6 millions. Les voies de 60 non exploitées furent déposées et remises à la liquidation des stocks américains pour être liquidés, la voie Péchot restant réservée au génie. Pour les abris et les ferrailles, des marchés furent passés. Puis, on arriva en 1926, aux deux grands marchés de récupération qui prendront fin le 31 décembre 1929. La moyenne des sommes versées à l'Etat par l'entreprise est de 250.000 francs environ par mois. Au 30 septembre 1928, les redevances encaissées au titre de la récupération s'élevaient à 24.705.000 francs.

La récupération a permis également, grâce aux clauses du marché, de découvrir et d'identifier de nombreux corps de militaires.

Du 1er janvier 1926 au 30 septembre 1928, 11.013 exhumations ont été effectuées, donnant lieu à 4.271 identifications.

Nivellement du sol.

En ce qui concerne le nivellement du sol, on abandonna vite le travail en régie, exécuté par le service des travaux de première urgence, pour passer des conventions avec les propriétaires ou des tâcherons. Au 31 décembre 1921, 9.800 contrats étaient ainsi conclus; mais les propriétaires, préoccupés par d'autres soucis plus immédiats, se montrèrent peu empressés; on substitua à cette méthode des marchés de grandes surfaces, englobant plusieurs communes, notamment dans les régions de Saint-Mihiel et de Vigneulles; puis, adoptant une solution moyenne, on passa à partir de 1922 des marchés par commune.

Au 1er juillet 1923, 328 marchés avaient été ainsi adjugés. 223 étaient terminés.

Sur le nombre, des défaillances inévitables se sont produites chez les entrepreneurs. On arriva à augmenter les cautionnements et à fixer d'importances pénalités. Cependant, des résiliations, entraînant réadjudications, furent fréquemment prononcées. Pour en terminer, on arriva à mettre les travaux en régie en traitant avec les propriétaires moyennant des indemnités à imputer sur le compte de l'entreprise. Enfin, la loi du 18 juillet 1923 a accordé aux sinistrés jusqu'au 18 janvier 1924, pour demander la remise en état de leurs terrains endommagés.

Actuellement, 200.000 hectares — indépendamment de la zone rouge — sont débarrassés de projectiles, tranchées et réseaux, 28 millions de m³ de tranchées ont été comblées et 53 millions de m² de réseaux de fils de fer ont été enlevés

Reconstitution agricole.

Pendant la guerre, avait été constitué un Office de Reconstitution Agricole, qui assurait les commandes et la distribution du matériel, du bétail, des semences nécessaires à la reprise de l'activité agricole.

A partir du 1er février 1920, la société Tiers Mandataire de la Meuse se substitua à cet Office.

Le matériel consistait en matériel récupéré ou réparé, en matériel commandé en France et en matériel reçu d'Allemagne au titre des réparations. On organisa des centres de réparation et de construction dans les usines de la Meuse, à Bar-le-Duc, à Morley, à Triaucourt, à Cousances-aux-Forges, aux Souhesmes. Des centres de montage d'appareils reçus par pièces détachées furent également gérés par le service des travaux de première urgence.

A la fin de 1920, les réparations nécessaires au matériel récupéré étaient terminées. Au cours de 1921, tout était liquidé.

En ce qui concerne le bétail à répartir, il était fourni, soit par les services de reconstitution, soit par la Commission de restitution de Wiesbaden, soit par des achats à l'étranger, notamment en Hollande.

Dans la région dévastée, il existait :

à l'armistice.	au 1er juin 1922.
4.235 chevaux.	24.650 chevaux.
6.440 bovins.	42.250 bovins.
6.603 ovins.	22.400 ovins.

Des répartitions de semences et d'engrais eurent lieu dans les mêmes conditions.

Motoculture.

En 1919, le service aéronautique de l'armée fournit des tracteurs au département. Une école de motoculture était organisée à Bar-le-Duc, par les soins de la 40e Division, en vue de former des conducteurs. Le directeur de cette école devint directeur de la motoculture.

Ce service était utilisé à exécuter les premiers labours, le pressage du foin, les battages. Il était réparti en batteries de tracteurs. Il n'a pas donné les résultats qu'on en attendait, le prix était trop élevé, la propriété trop morcelée.

On dut abandonner les régions accidentées pour se limiter aux pays plats comme la Woëvre et l'arrondissement de Commercy. La liquidation fut décidée pour le 1er janvier 1921.

Main-d'œuvre agricole.

Au début, on ne pouvait guère compter que sur la main-d'œuvre militaire. Des permissions exceptionnelles furent accordées et des détachements furent constitués. Enfin, de la main-d'œuvre polonaise fut recrutée par l'intermédiaire de la Mission de recrutement de Varsovie et répartie par le centre de Toul.

Culture.

La reconstitution agricole se heurta dans ses débuts à de graves difficultés.

Il fallait abriter les récoltes. Or, les granges n'étaient pas encore reconstituées. On préconisa la confection des meules comme cela se pratique dans de nombreux pays; on distribua des bâches et l'on construisit des hangars provisoires.

En 1920 et 1921, le département subit une invasion de campagnols qui fut enrayée par l'emploi d'acide sulfureux, de produits empoisonnés et de virus de l'institut Pasteur.

Quoi qu'il en fût, la reconstitution agricole fit des progrès rapides. L'Etat réglait hors indemnité les façons préculturales pour les terrains endommagés ou ceux qui avaient été privés de cultures pendant plus d'un an, du fait direct de la guerre. De plus, il remboursait les indemnités accordées pour remise en état physique et chimique du sol.

A l'armistice, on estimait à 183.000 hectares les terrains de culture endommagés. De ce chiffre il faut déduire :

1° 12.000 hectares autrefois cultivés et classés en zone rouge ;

2° 16.000 hectares qui étaient en friches en 1914. Il restait donc à remettre 155.000 hectares en état de culture.

Le 31 déc. 1919   20.000 ha étaient terminés.
   31 déc. 1920   75.000 ha
   31 déc. 1921   100.000 ha
   31 déc. 1922   114.000 ha.

En 1925, il ne restait plus que 5.000 ha à régler. La dépense a coûté 40 millions auxquels viennent s'ajouter les frais de remise en état de productivité antérieure.

Cours d'eau, biefs et étangs.

Leur remise en état a été confiée primitivement au génie rural, puis, le 6 décembre 1920, au service des Ponts et Chaussées. Ce travail, presque terminé, représente une dépense de 2 millions et demi.

Puits et adductions d'eau.

A la suite des événements de guerre, beaucoup de puits avaient été envasés et contaminés : les adductions d'eau avaient été gravement endommagées. Un laboratoire mobile de désinfection a été créé en 1920 pour procéder à l'analyse des eaux. Il fut installé à la Caserne Jeanne d'Arc, à Verdun. Au cours du premiere semestre, il fut procédé à 457 analyses, qui donnèrent les résultats suivants :

   301 favorables;
   103 suspects;
   53 mauvaises.

Le service du génie rural procédait aux curages proprement dits.

Au 1er juillet 1920,   3.276 puits avaient été curés;
Au 1er juillet 1921,   4.062
Au 1er mars 1923,   4.674
   Actuellement :   5.100 puits ont été curés.
le tout après analyses chimiques et bactériologiques.

Plans d'alignement et d'aménagement

Les plans d'alignement et d'aménagement des villes et villages furent confiés à l'origine au Service d'Architecture, puis à la Reconstitution foncière.

Ils ont été établis conformément à l'article 61 de la loi du 17 avril 1919, qui prévoit des subventions à cet effet. Depuis le 19 mai 1922, le Service des Ponts et Chaussées est chargé de ce soin.

A l'heure actuelle, 166 plans d'aménagement et 745 plans d'alignement relatifs à 183 communes ont été approuvés.

La Reconstruction

Deux services à l'origine dirigeaient la reconstruction : le service d'Architecture et le service du Génie Rural. Le premier s'occupait de la reconstruction dite urbaine, comprenant les agglomérations de plus de 600 habitants, ainsi que les chefs-lieux de canton ; le second, des agglomérations de moins de 600 habitants. Ils examinaient les projets de reconstruction ou de réparation ; ils fixaient le montant des avances qu'il était possible d'accorder aux sinistrés avant l'évalution défi-nitive des dommages, ou bien ils faisaient exécuter directe-ment les travaux par le Service des Travaux de Première Ur-gence. Ils contrôlaient eux-mêmes les travaux dont le paie-ment était demandé à l'Etat.

A partir du 1er mars 1920, le service du Génie Rural aban-donna au service d'Architecture ce qui a trait à la reconstruc-tion proprement dite pour ne garder que le contrôle des coo-pératives et la remise en état du sol. A partir de 1925, le con-trôle du remploi immobilier a été transféré progressivement, par canton, au service des Ponts et Chaussées.

Dès le début de la reconstruction, il fallut prendre de sé-rieuses précautions pour éviter les abus que n'aurait pas manqué d'entraîner une concentration aussi massive de tra-vaux. On pouvait craindre, en effet, une hausse démesurée des matériaux ainsi que l'afflux d'entrepreneurs et d'architectes incapables.

Séries de prix.

Une série de prix officielle fut envisagée dès 1919. Elle était destinée à permettre aux Commissions d'évaluation de fixer le montant de la perte subie et des frais supplémentaires en matière immobilière bâtie. Mais elle servit également à l'éta-blissement des devis de reconstruction ainsi qu'au contrôle du remploi. Les prix de la série sont considérés comme des

maxima au delà desquels l'Etat n'accepte pas le rembourse-
ment.

Voici les premières hausses constatées dans les coefficients
moyens de reconstruction, par rapport au prix de 1914 :

> Juillet 1919 .... 3.70
> 4e trimestre de 1919 4
> 5 premiers mois de 1920 .... 4.38
> Octobre 1920 .... 5.33
> Janvier 1921 .... 4.80

Au début de 1921, on enregistra une légère diminution :

> Février 1921 .... 4.50
> Mai 1921 .... 4.09

Puis des augmentations furent réclamées par les entrepreneurs.

L'Administration centrale au cours de 1922, décida de
prendre des mesures d'ensemble et de répartir à cet égard
les dix départements dévastés en quatre régions A, B, C, et D.

Une conférence eut lieu à Nancy le 16 mai 1922 (série D),
mais les prix de série adoptée ne furent pas appliqués dans la
Meuse qui a conservé une série particulière. Les coefficients
en vigueur sont ceux qui ont été arrêtés le 1er mars 1926.

Agrément des architectes et entrepreneurs.

Pour les travaux exécutés par les coopératives, ces techniciens doivent être agréés par le Préfet, après avis d'un comité
départemental d'agrément. La décision préfectorale est susceptible de recours devant le Ministre.

C'est qu'ainsi qu'au 1er mars 1923, avaient été :

> agréés   197 architectes   662 entrepreneurs
> refusés   45   48
> ajournés 11   15

Il existe actuellement pour le département 388 architectes
et 1.204 entrepreneurs agréés.

Reconstitution des immeubles bâtis.

En 1919, on ne pouvait songer à entreprendre de front toute la reconstruction, l'argent et les moyens techniques ne l'eussent pas permis.

La reconstitution définitive fut donc limitée d'abord aux maisons réparables. Les Travaux d'Etat, à défaut d'entrepreneurs, en exécutèrent une partie en régie. D'autre part, on procéda au déblaiement des immeubles dont les frais doivent être supportés par l'Etat, ce dernier toutefois devient propriétaire des matériaux. Les déblaiements furent exécutés, d'abord en régie, puis par des entrepreneurs aux frais de l'Etat. Enfin, on traita fréquemment avec les coopératives qui pouvaient utiliser les matériaux sur place.

Il eut été dangereux d'entreprendre, dès le début, des reconstructions totales, car les dommages de guerre n'étaient pas encore évalués et l'on eut risqué de dépasser l'indemnité. D'autre part, les plans d'alignement étaient loin d'être tous approuvés.

Au fur et à mesure que les indemnités immobilières furent fixées, la reconstruction prit de plus en plus d'extension.

Au 1er mars 1922, 491 immeubles avaient été *construits*, alors que 3.942 avaient été définitivement *réparés*. La circulaire 1.113 du 2 janvier 1922, appliquée le 1er avril 1922, institua une nouvelle procédure permettant un contrôle plus strict, tant dans l'intérêt de l'Etat que dans celui des sinistrés. Avant la reconstruction, le projet avec plans et devis doit être déposé à la Préfecture où les prix sont vérifiés, ainsi que les installations sanitaires et les conditions du remploi. Le projet est approuvé s'il y a lieu et un exemplaire est conservé dans les archives, en vue des contrôles ultérieurs et surtout de la réception définitive.

Au fur et à mesure que des acomptes sont demandés, les mémoires sont envoyés. Ils sont vérifiés sur pièces, quelquefois sur place au cours de la reconstruction et obligatoirement sur place à la réception définitive.

En 1922, les projets affluèrent : on en reçut 2.000 du 1er avril au 1er juillet 1922.

L'année 1922 fut une année particulièrement active pour la

reconstruction, dont le rythme dépassa les possibilités financières. Il en résulta un arriéré considérable et les chantiers menaçaient d'être abandonnés par les entrepreneurs impayés. Pour 1923, on prévoyait un programme de 450 à 500 millions. Or, la dotation annoncée ne s'élevait qu'à la moitié de cette somme. C'est ainsi qu'il fut nécessaire de recourir aux emprunts.

Voici quel était au 30 septembre 1928, l'état de la reconstruction :

Immeubles réparés définitivement (non compris les immeubles industriels) :

par l'Etat	1.630	
par les isolés	9.969	19.395
par les coopératives	7.796	
En cours de réparation		665

Immeubles reconstruits totalement (non compris les immeubles industriels) :

par les coopératives	3.313	
par les isolés	1.754	5.067
En cours de reconstruction		472
Usines sinistrées		128
Usines remises en marche totalement	105	
— — — partiellement	21	

Édifices publics.

	Reconstruits entièrement	Réparés définitivement
Eglises	65	100
Mairies	158	180
Ecoles	183	300
Postes	13	17
Hôpitaux	»	»
Autres édifices publics	214	509
Total	633	1.106

Dépenses faites pour les déblaiements .... 5.927.597 fr.
Travaux d'hygiène .... 758.831 »

SERVICES DIVERS

La reconstruction des routes et chemins dans le département de la Meuse

par M. Frontard,

Ingénieur en Chef des Ponts et Chaussées.

La reconstruction des routes et chemins (ouvrages d'art de plus de 3 mètres de portée non compris) dans les départements sinistrés fut confiée, au lendemain des hostilités, aux services des Ponts et Chaussées locaux, agissant :

a) Sous l'autorité du Ministre des Travaux Publics, jusqu'au 6 août 1919.

b) Puis du Ministre des Régions Libérées, jusqu'au 31 mai 1921.

c) Enfin, à nouveau, sous l'autorité du Ministre des Travaux Publics, jusqu'à ce jour.

Les bases de l'organisation adoptée furent posées par une série de décisions ministérielles, datées du 14 janvier 1919, visant les voies terrestres détruites ou détériorées par faits de guerre dans les dix départements dévastés et dans les neuf départements situés immédiatement à l'arrière. La restauration devait s'exécuter en nature, et porter, non seulement sur les destructions de la zone de combat, mais aussi sur les dégradations produites par l'intense circulation des véhicules militaires qui avaient usé profondément toutes les chaussées empierrées de la zone des étapes.

Dans le département de la Meuse, la situation était, à cet égard comme aux autres, lamentable ; et elle allait chaque jour empirant. Les armées allemandes et françaises entre lesquelles le territoire du département s'était trouvé partagé avaient bien, pendant les longues années de la guerre de positions, soit depuis la bataille de Charleroi, jusqu'au deuxième semestre 1918, assuré l'entretien des voies maîtresses du réseau. Les services routiers des armées françaises notamment — dont le matériel automobile, bien plus puissant que celui des armées allemandes, exigeait un réseau terrestre de premier ordre — avaient même pu, pendant la longue bataille de Verdun, obtenir des résultats dignes d'admiration, maintenir en bon état des chaussées parcourues, telle la Voie Sacrée (1), par un torrent de circulation dépassant parfois 3.000 camions ou voitures légères par jour, et procéder par surcroît sur maints itinéraires à des travaux d'amélioration importants, notamment à des élargissements systématiques des chaussées. Mais l'intervention de l'armée américaine, dotée d'innombrables véhicules automobiles et presque dépourvue de services routiers, les mouvements résultant des batailles de Saint-Mihiel et de l'Argonne, la progression des troupes alliées, enfin le stationnement même, sur place, d'une grande partie de l'armée américaine après l'armistice, eurent tôt fait de rompre cet équilibre précaire. Dès l'armistice, et à plus forte raison quand intervint la décision ministérielle du 14 janvier 1919, l'effroyable usure qui accompagne sur toutes les voies terrestres le passage des armées n'était plus compensée par un apport égal de matériaux, et le capital-chaussées de la Meuse se trouvait, ne fût-ce que de ce chef, profondément entamé. Qu'on y ajoute les destructions de la zone de combat, notamment celle des champs de bataille de Verdun, pilonnés par les obus, et à travers lesquels presque seules les grandes artères, telles que les trois routes nationales de Verdun-Metz, Verdun-Longuyon et Verdun-Charleville, avaient été tant bien que mal frayées à nouveau par les armées alliées ; que l'on tienne compte de la coupure systématique de tous les ponts dans les trois quarts du département, et l'on concevra l'étendue des problèmes posés.

(1) La Voie Sacrée, ou route de Bar-le-Duc à Verdun, a reçu son nom, et son brevet d'immortalité, pendant la bataille de Verdun où elle rendit des services immenses. Elle a été classée sous ce nom, à la demande du Conseil général de la Meuse, par une loi du 30 décembre 1923 dans le réseau des Routes Nationales. Elle figurait simplement, avant cette loi, dans le réseau des chemins de grande communication du département, comme une succession de trois chemins distincts portant les nos 1 bis, 2 bis et 6 bis. Elle est aujourd'hui jalonnée de bornes kilométriques portant des attributs commémoratifs en bronze, posées aux frais du département de la Meuse.

La question des grands ponts détruits fera l'objet d'un chapitre spécial. Pour les autres travaux, afférents à la réfection des chaussées détériorées et de leurs dépendances telles qu'accotements, talus et fossés, ainsi que des petits ouvrages d'art courants, la décision du 14 janvier 1919, faisait connaître que l'Administration Centrale fournirait directement aux Services locaux, sur bateaux ou sur wagons, les matériaux durs nécessaires, en provenance des grandes carrières des Vosges et des Ardennes ; et elle invitait les Ingénieurs à préparer d'urgence, pour être mis en adjudication dans le plus bref délai, un projet comportant, d'une part, la mise en œuvre de ces matériaux, et d'autre part, les fournitures utiles de pierre calcaire en provenance des carrières locales, les terrassements et tous les autres travaux suceptibles d'être exécutés sur place. Ce projet devait être d'ailleurs scindé en un nombre de lots suffisant pour occuper les entrepreneurs alors disponibles.

Le service des Ponts et Chaussées de la Meuse, établit sans retard les devis utiles. Ceux-ci furent mis en adjudication le 2 mai 1919, et trouvèrent preneurs dans les conditions du tableau figurant à la page suivante.

Cette adjudication fut, on le voit, couronnée d'un entier succès. Il n'est pas sans intérêt de noter que celui-ci ne se trouva répété, à l'époque, dans aucun des autres départements sinistrés : partout ailleurs, en effet, les entrepreneurs jugèrent sous-estimés en majeure partie les devis des Services locaux, de sorte que, pour le plus favorisé d'entre eux, la Meuse exceptée, à peine 50 % des lots trouvèrent preneurs.

Le « démarrage » des travaux de restauration des routes meusiennes s'effectua, dans ces conditions, avec une aisance qui constitua un cas d'exception. Un autre facteur favorable intervint encore pour faciliter ce démarrage, à savoir la grande quantité de matériel routier, tel que rouleaux-compresseurs, tonnes d'arrosage, etc... laissé sur place — en bien mauvais état trop souvent malheureusement — en héritage de la bataille de Verdun et des combats de 1918, par les armées française, américaine et allemande. L'Administration des Ponts et Chaussées organisa la récupération et la remise en état de ces engins, disséminés en tous les points du dépar-

Nᵒˢ des lots (1)	Désignation des lots (2)	Montant de l évaluation (3)	Rabais °/° obtenu (4)	OBSERVATIONS (5)
1	Bar-le-Duc	1.442 000	3,5 l.	(a) Les lots nᵒˢ 11 (Gondrecourt), et 24 (Etain), n'ayant pas trouvé preneur lors de l'adjudication du 2 Mai 1919, furent traités le jour même par voie de marchés de gré à gré, aux prix du devis pour le premier et avec un léger rabais pour le second.
2	Ancerville.	925.600	2.2	
3	Dammarie-sur-Saulx. .	879.700	0	
4	Ligny-en-Barrois . . .	1.043.600	1	
5	Rembercourt-aux-Pots. .	4.002.900	5	
6	Revigny	1.049.300	0	
7	Triaucourt	717.700	6	
8	Clermont-en-Argonne. .	1 501.700	5	
9	Commercy-Nord . . .	2.042 000	1,1	
10	Commercy-Sud	2 245.000	1	
11	Gondrecourt (a). . . .	1.306 000	0	
12	Pierrefitte-sur-Aire . . .	3 312.000	5	
13	Saint-Mihiel.	2.619.000	1	
14	Vaucouleurs.	859.000	1	
15	Vigneulles	1.463.000	3	
16	Damvillers	2.715.000	2	
17	Montmédy	1.416.000	0	
18	Stenay	1.358 000	0	
19	Spincourt.	755.000	0	
20	Verdun Nord-Ouest . . .	2 244.000	3	
21	Verdun Nord-Est	1.787 000	1	
22	Verdun Sud-Ouest. . .	1.314.000	0,5	
23	Verdun Sud-Est. . .	1.564 000	1	
24	Etain (a)	1.801.000	2	
25	Fresnes-en-Woëvre Ouest.	1 272 000	1	
26	Fresne-en-Woëvre Est.	1 133.000	1	
27	Montfaucon-Ouest . . .	1 763 000	0	
28	Montfaucon-Est	1 645.000	0	
29	Souilly	1.703 000	1	
30	Varennes-Ouest	2 687 000	2	
31	Varennes-Est	2.640.000	10	
	Total. . .	53.205.500		

tement, et passa à cet effet le 12 juillet 1919 un important marché avec la maison spécialisée Gaëtan Brun, à qui fut confié le soin d'assurer, outre la réparation de tous les engins de l'Etat, dans un vaste local construit spécialement à cet effet, à Bar-le-Duc par l'Administration, leur mise en œuvre dans l'ensemble du département pendant lse années 1919 à 1922. Concurremment avec ce marché, deux autres étaient passés respectivement, aux dates des 3 et 11 octobre 1919, avec MM. Gaëtan Brun et Salmson, pour amplifier les travaux par la mise en œuvre d'autres cylindres appartenant à ces entrepreneurs, en attendant que la réparation des engins de l'Etat eût fourni des effectifs de matériel suffisants.

Ainsi fut entamée, sous des auspices encourageants, l'œuvre de restauration des voies de communication terrestres de la Meuse. En dehors des réfections courantes, portant sur des chaussées encore praticables à la cessation des hostilités et simplement usées par la circulation militaire, nous voulons accorder une mention spéciale aux travaux portant sur les anciennes zones de combats du front stabilisé, où les voies de communication, entièrement détruites sous l'écrasement des obus, ou coupées par des entonnoirs de mines ou des ouvrages de défense, tranchées, sapes, parapets, n'avaient été que très partiellement rétablies par les armées françaises ou américaines, au cours de leur progression. En particulier, les routes et chemins ci-après étaient encore entièrement interrompus et exigèrent des travaux de reconstruction à neuf d'une importance spéciale.

1° Arrondissement de Verdun. — Région située à l'ouest de la Meuse.

Chemin de Grande Communication n° 38, entre Varennes et Esnes par Avocourt, spécialement aux environs de Vauquois et d'Avocourt, entre les points kilométriques 12 k. et 14 k. et les points kilométriques 20 k. et 22 k.

Même chemin, sur 1 km. 700 de longueur au Four-de-Paris et dans le bois de la Grurie.

Chemin de Grande Communication n° 19, sur 1 km. entre Montfaucon et Varennes.

Chemin de Grande Communication n° 18, sur 4 km. entre Esnes et Montfaucon.

Chemin d'intérêt commun n° 23, sur 4 km. entre Chattancourt et Regnéville à hauteur de Cumières.

Chemin d'intérêt commun n° 60, sur 8 km. entre Malancourt et Forges.

Chemins vicinaux ordinaires de Béthincourt à Cumières ; de Chattancourt au Mort-Homme, de Chattancourt à la Claire, de Cumières à Champneuville, de Regnéville à Cumières, de Béthincourt à Esnes, de Cuisy à Béthincourt, de Béthincourt à Gercourt, de Gercourt à Forges, de Boureuilles à Vauquois.

2° Arrondissement de Verdun. — Région située à l'Est de la Meuse.

Chemin de Grande Communication n° 24, entièrement disparu entre Ornes et Vaux.

Chemin d'Intérêt Commun n° 15, entièrement disparu entre Louvemont et Ornes.

Chemin d'Intérêt Commun n° 12, disparu dans la région de Vaux.

Chemin d'Intérêt Commun n° 2, au carrefour du Tillot.

Chemin d'Intérêt Commun n° 8, dans la région de Fromezey, Morgemoulin et Foameix.

Chemin vicinal ordinaire de Maucourt à Dieppe.

3° Arrondissement de Commercy.

Chemin d'Intérêt Commun n° 3, entre les points kilométriques 33 k. 5 et 36 k. 730, dans la forêt d'Apremont.

Encore cette liste ne comprend-elle que les chemins tellement endommagés que la circulation y était rendue radicalement impossible. Certains d'entre eux étaient remplacés par un tel chaos d'entonnoirs qu'on n'a pu les rétablir à leur emplacement primitif, et que des tracés différents durent être étudiés.

Ces reconstructions, dans les terrains bouleversés, étaient souvent bien plus difficiles et onéreuses que la construction d'une route nouvelle elle-même en terrain vierge. Certaines voies, comptant parmi les plus importantes et dont la restauration commandait au premier degré le retour à la vie des régions desservies, durent au cours des premières années, être refaites trois fois avant d'acquérir une stabilité acceptable. La première réfection, destinée à rétablir, fût-ce à titre provisoire, le passage interrompu, comportait les terrassements de la plateforme et des fossés et talus, puis un hérissonnage de 15 à 20 centimètres d'épaisseur en pierre brute rangée à la main, enfin une couche d'empierrement cylindrée de 8 à 10 centimètres, établie provisoirement en calcaire cassé du pays. Mais les terres remblayant les entonnairs ne pouvaient être exemptées de tassement, le terrain circonvoisin lui-même, ameubli par les anciennes explosions, était encore mouvant. On voyait, de semaine en semaine, des ondulations produites par les inégalités de résistance et de tassement du sous-sol, se dessiner progressivement sur la chaussée. Les contours des trous d'obus notamment se reproduisaient, accompagnés de dénivellations apportant à la circulation un obstacle de plus en plus gênant. Après quelques mois, ces inégalités étaient devenues intenables ; et un deuxième rechargement cylindré, opéré encore en pierre calcaire cassée des carrières locales, devait intervenir. Et puis, après un an ou moins encore, les anciens entonnoirs venaient malgré tout dessiner une fois de plus, sur la surface de la chaussée, leur carte géographique. C'est alors seulement que, non sans avoir effectué une tournée d'emplois de pierre cassée comblant approximativement les flâches, on se décidait à mettre le point final à la restauration, au moyen d'un nouveau rechargement cylindré, effectué cette fois en matériaux durs pour rétablir la situation d'avant-guerre.

Même aujourd'hui, après dix ans d'épreuve, c'est à peine si ces travaux, pour certaines voies, peuvent être tenus pour avoir apporté un remède définitif aux dégâts de la guerre. Il est des routes où les anciens trous d'obus, trois fois renivelés, se dénivellent encore. En raison du long laps écoulé, ces sujétions sont maintenant laissées en principe à la charge des services préposés à l'entretien et ne sont plus réputées dommages de guerre ; elles n'en existent pas moins, et méritent d'être signalées.

De même méritent d'être signalés — sans qu'il y ait lieu naturellement de les exagérer — les risques d'accidents subsistant pour quelques voies du fait d'anciennes sapes souterraines, aujourd'hui ignorées, et qui ne manqueront pas de s'ébouler un jour ou l'autre, ainsi qu'il est déjà arrivé pour plusieurs d'entre elles.

Des difficultés, d'une toute autre nature heureusement, durent être surmontées pour réaliser l'approvisionnement des matériaux durs destinés à constituer la couche d'usure de la majeure partie des chaussées, tant en région non sinistrée que sinistrée. Les matériaux de cette nature, en effet, ne se rencontrent pas dans le sol, exclusivement calcaire et argileux, ou exceptionnellement sableux, du département de la Meuse. On les faisait venir avant la guerre, pour la partie Sud du département, des remarquables carrières de trapp de Raon l'Etape (Vosges) et, pour la partie Nord, de diverses carrières des Ardennes, fournissant un quartzite apprécié ; enfin, bien que d'une dureté moindre, le laitier concassé en provenance des hauts-fourneaux de Meurthe-et-Moselle, était également utilisé sur un certain nombre de voies.

L'Administration Centrale des Travaux Publics comptait au début, ainsi qu'il a été mentionné plus haut, fournir par ses propres moyens tous les matériaux durs utiles, et en avait attribué au département de la Meuse, aux termes de la décision du 14 janvier 1919, une dotation hebdomadaire de 2.900 tonnes, à provenir pour moitié des Ardennes et pour moitié des Vosges. Elle pensait utiliser à cet effet les grandes carrières naguère exploitées par ses soins, pendant la durée de la guerre, avec des moyens en grande partie militaires. Mais la crise résultant de la démobilisation, ainsi que les besoins considérables manifestés par les départements producteurs eux-mêmes et les départements de l'intérieur compris normalement dans leur zone d'influence frappèrent, en peu de semaines, de caducité les intentions ainsi manifestées. En fait les fournitures assurées en nature par l'Administration Centrale des Travaux Publics se réduisirent à quelques centaines de tonnes par semaine, en provenance des seuls départements des Vosges et de la Haute-Saône.

Le Service de la Meuse put trouver, heureusement, des sources nouvelles d'approvisionnements compensant le déficit. Une carrière spéciale fut équipée et exploitée en régie par ses soins à Deville, près de Monthermé (Ardennes) ; d'importants marchés furent passés en outre avec MM. Leclaire et Masius, marchands de matériaux à Metz pour la fourniture d'abord de 4.500 tonnes, ensuite de 80.000 tonnes de pierre de provenance allemande, — mélaphyre, porphyre, ou basalte — dont l'emploi était rendu momentanément très avantageux en raison de la baisse de la monnaie allemande ; un autre marché fut passé en Alsace pour la fourniture de 30.000 tonnes de porphyre de Schwartzbach (Bas-Rhin) ; d'autres, par la suite, soit par voie d'adjudication, soit de gré à gré, pour la fourniture de grauwacke de Schirmeck, de trapp de la la Petite-Raon, de trapp de Saâles, de grès de Belgique, etc...

L'adoption des premières provenances ci-dessus se trouva heureuse, eu égard à la crise des transports des grands réseaux de chemins de fer sévissant en 1919-1920 : d'une part, en effet, la carrière de Deville, desservie par voie d'eau, voyait ses produits transportés par bateaux sans difficulté spéciale ; et, d'autre part, les matériaux allemands purent être transportés sur des wagons allemands. Ainsi le département de la Meuse ne souffrit pas trop, même au plus fort de la crise, d'une situation qui en°paralysa d'autres moins bien placés.

Les difficultés financières, malheureusement, dans cette période du début de la restauration des routes, s'ajoutaient aux difficultés techniques. La hausse rapide des prix des matières premières et la main-d'œuvre en France en 1919-1920, accompagnant la crise des transports, la mise en application, alors insuffisamment souple de la loi de 8 heures, et la première vague de baisse de notre monnaie sur le marché international, vint bientôt vicier les contrats issus de l'adjudication du 2 mai 1919. Dès le mois de juillet de la même année, la plupart des entrepreneurs formulaient des réserves expresses sur les répercussions de ces difficultés. S'étant groupés en une association, ils adressèrent, en date du 3 décembre de la même année, une réclamation collective sollicitant, avec effet rétroactif du 1er août 1919, une augmentation générale de tous les prix contractuels, qui n'était pas évaluée à moins de 70 % pour les travaux proprement dits et était portée même à plus de 120 % en ce qui concernait les transports par camions automobiles, spécialement grevés par l'élévation considérable des prix de l'essence et de l'huile résultant de la première crise des changes.

Les fluctuations économiques survenues dépassaient largement, en tout état de cause, la proportion de 1/6 à partir de laquelle le cahier des clauses et conditions générales de l'Administration des Travaux Public ouvre aux entrepreneurs un droit à la résiliation des marchés. L'urgence des travaux ne permettait pas de rechercher d'autres soumissionnaires, puisqu'il en eût résulté l'abandon des travaux pendant de longs mois, ainsi que le sacrifice des organisations de toute nature réalisées à pied d'œuvre par les entrepreneurs. L'Administration dut, naturellement, composer. Les Ingénieurs, après discussion des prix de revient des différents travaux, obtinrent des entrepreneurs d'importants abattements sur leurs prétentions primitives qui purent être ramenées à 40 % au lieu de 70 % pour la majoration applicable aux prix des travaux et à 80 % au lieu de 120 % pour celle applicable au prix des transports, le tout avec effet à dater du 1er octobre 1919, au lieu du 1er août. Des projets d'avenants furent préparés sur ces bases et soumis à l'approbation du Ministre des Régions Libérées. Par décision du 29 juin 1920, celui-ci, sans statuer encore sur le fond, autorisa le paiement aux entrepreneurs, à dater du 1er janvier 1920, pour leur permettre de continuer les travaux, d'une majoration provisoire de 30 % sur tous les prix, portée à 50 % sur ceux des transports.

Les difficultés augmentant, et la hausse des prix de la main-d'œuvre et des matières s'accentuant encore, les entrepreneurs introduisirent de nouvelles revendications, et de nouveaux pourparlers durent être engagés en vue de relever les taux ainsi consentis. On alla ainsi jusqu'au début de 1921. Les mesures provisoires intervenues avaient permis de maintenir et de développer l'activité des chantiers, qui progressaient enfin à pleine allure. Mais l'accord entre l'Administration et les entrepreneurs devenait de plus en plus difficile à maintenir, sur le terrain économique et administratif mouvant où il se trouvait placé. Les principales voies étaient d'ailleurs restituées à la circulation publique dans des conditions sinon satisfaisantes, du moins provisoirement acceptables, de sorte que les travaux restant à exécuter n'offraient plus le caractère d'urgence primordiale attribué avec raison aux premiers. Les installations, souvent considérables, de baraquements, voies de 0 m. 60, concasseurs, etc... effectuées par certains entrepreneurs étaient suffisamment amorties par les travaux de 1919-1920. Le retour sur les lieux d'une partie des populations chassées par la guerre, et l'afflux de moyens et petits entrepreneurs attirés par les innombrables travaux privés alors en cours d'exécution était d'ailleurs de nature à procurer une main-d'œuvre et des cadres locaux plus économiques que les grosses entreprises du début, munies surtout de main-d'œuvre étrangère. Il parut dès lors aux Ingénieurs que l'intérêt de l'Etat commandait l'abandon des moyens puissants, mais coûteux, de la période héroïque des travaux, et le recours à des moyens plus lents évidemment, et plus modestes, mais désormais mieux adaptés aux problèmes restant à résoudre.

Les entrepreneurs ne pouvaient eux-mêmes, du moment qu'ils invoquaient la caducité des marchés primitifs pour justifier leurs demandes d'augmentation de prix, invoquer en même temps leur validité pour exiger de l'Administration la continuation des travaux. Les tractations, bien que difficiles, purent dans ces conditions être menées à bonne fin. On se mit d'accord pour la résiliation amiable des 31 lots sans aucune indemnité, à une date fixée, suivant les cas, soit au 1ᵉʳ avril, soit au 1ᵉʳ juillet 1921, sous condition que les travaux exécutés postérieurement au 1ᵉʳ octobre 1919, seraient payés à des prix nouveaux, correspondant à une majoration de 35 % sur les prix primitifs, et que les transports à partir de la même date seraient payés suivant une formule contractuelle nouvelle tenant compte dans une mesure équitable des prix variables de l'essence et de l'huile.

Une décision du 4 juin 1921 de M. le Ministre des Régions Libérées, approuva les 31 avenants fixant l'accord intervenu, prononça en conséquence la résiliation des 31 entreprises correspondantes, et prescrivit, conformément aux propositions des Ingénieurs, l'étude de nouveaux marchés destinés à remplacer les contrats résiliés, en tenant compte de l'urgence des travaux et en s'imposant naturellement la règle de l'adjudication, sauf circonstances exceptionnelles.

Le règlement des travaux ainsi exécutés par les 31 entreprises donna lieu, tout compte fait, à une dépense globale de 32.667.835 francs, comportant une dizaine de millions du fait des majorations intervenues.

A partir de ce moment, les travaux de remise en état des routes et chemins de la Meuse ne s'effectuèrent plus que par voie de marchés de petite ou moyenne importance, soigneusement circonscrite à des besognes bien délimitées, et par voie de régie ou, fréquemment, de tâcheronnage. Du 4 juin 1921 au 30 novembre 1928, il a été passé à cet effet, 570 marchés partiels, 73 d'entre eux correspondent à des fournitures de matériaux durs ou de pavés ayant donné lieu à une dépense globale, à ce jour, de 8.687.667 francs (1), sur wagons ou bateaux départ ; trois autres correspondent à des travaux de cylindrage traités successivement pour les périodes de 1923 à 1924 ; puis de 1925 à 1926, enfin de 1927 à 1929, et ayant donné lieu à ce jour à une dépense totale de 4.230.471 fr. (2). Parmi les 494 autres marchés, les plus nombreux ont trait à des exploitations de carrières locales, et à des transports sur routes et mains-d'œuvre d'emploi de matériaux destinés à la réfection des chaussées usées ; le reste concerne la reconstruction de chemins détruits dans la zone de combats. Tous ceux-ci sont aujourd'hui rendus à la circulation, sauf le chemin vicinal ordinaire de Boureuilles à Vauquois, dont les travaux sont en cours.

La situation statistique de la restauration des routes et chemins de la Meuse était, à la date du 30 novembre 1928, la suivante :

	Importance du réseau routier	Dommages causés
I	Existant en 1914 (longueurs de routes et chemins. — Nombre d'ouvrages d'art. — Nombre d'arbre.	Situation à l'armistice — Longueur de routes et chemins à refaire. — Nombre d'ouvrages d'art détruits. — Nombre d'arbres à abattre ou à remplacer.
1° Routes et chemins.		
Routes Nationales	558 km. 097	526 km. 892
Chemins de Grande Communication.	1 297 km. 387	1.172 km. 590
Chemins d'Intérêt Commun. .	1 570 km. 129	1 431 km. 930
Chemins Vicinaux Ordinaires	1.641 km. 073	1.385 km. 199
Voirie Urbaine	544 km. 765	544 km. 765
	5 611 km. 451	5 091 km. 765

(1) Les dépenses analogues engagées par le service local pour des fournitures de même nature suivant des marchés antérieurs au 4 juin 1926 se sont élevées, d'autre part, à 1.873.812 fr. Ces chiffres ne comprennent pas les matériaux fournis en nature par les soins de l'Administration Centrale des Travaux Publics.

(2) Dépenses analogues, suivant marchés antérieurs au 4 juin 1921 :

	Importance du réseau routier	Dommages causés
	Existant en 1914 (longueurs de routes et chemins. — Nombre d'ouvrages d'art. Nombre d'arbres.	Situation à l'armistice. — Longueur de routes et chemins à refaire. — Nombre d'ouvrages d'art détruits. — Nombre d'arbres à abattre ou à remplacer.
2° Ouvrages d'art.		
a) De plus de 3 mètres . . . . b) De moins de 3 mètres . . .	7.514	169 } 384 } 553
3° Arbres.		
	156.177	49 409
4° Matériaux à employer pour la réfection des chaussées.		
a) Matériaux d'empierrement (en Tonnes) . . . . b) Pavés (nombre)		2 323 046 T. 4 766.960 P.

SITUATION DE LA RECONSTITUTION AU 1ᵉʳ OCTOBRE 1928.

1° *Routes et Chemins.*

	Simplement améliorée	Définitivement remises en état	Dans le même état qu'à l'armistice	Total
Routes Nationales.	5 k. 405	521 k. 002	0 k. 485	526 k. 892
Chemins de Grande Communication	8 k. 049	1 162 k. 096	2 k. 445	1 172 k. 590
Chemins d'Intérêt Commun	154 k 802	1.272 k. 349	4 k 779	1.431 k. 930
Chemins Vicinaux Ordinaires	»	1.525 k. 030	80 k. 400	1.385 k 199
Voirie Urbaine.	279 k. 904	»	44 k. 886	544 k 765
TOTAUX . .	477 k. 904	4.480 k. 477	132 k. 995	5 061 k. 376

7.787.246 fr., dont 6.617.490 fr. du chef du premier marché Brun. Une partie seulement de cette dernière somme devrait être, en toute logique, imputée au compte des travaux de réfection des routes de la Meuse, car un grand nombre de rouleaux, réparés en excédent des besoins locaux, ont été remis à la disposition du Ministre des Travaux Publics pour être affectés par celui-ci à d'autres départements

2° Ouvrages d'art.

	Pourvus de passages provisoires	Définitivement rétabli	Où la circulation reste interrompue	Total
	(1)		(1)	
a) De plus de 3 m.				
Nombre	44	120	5	169
Longueur totale détruite.	478ᵐ51	2.381ᵐ43	94ᵐ20	2 954ᵐ14
Longueur totale reconstruite	»	2.358ᵐ52	»	2 358ᵐ52
b) De moins de 3 m.				
Nombre.	198	186	»	384
Longueur totale...	151ᵐ	523ᵐ80	»	674ᵐ80

3° Arbres.

	Arbres abattus aux emplacements dégagés prêts à recevoir un nouveau sujet	Arbres replantés	Emplacements restant à dégager ou arbres à abattre	Total des arbres à abattre ou à remplacer à l'Armistice
Nombre	30 869	3.244	15 296	49.409

4° Matériaux.

	Employés depuis l'armistice	Approvisionnés et non encore employés	Restant à approvisionner	Total des matériaux nécessaires pour la réfection
Tonnage des matériaux d'empierrement .	2.227.601 T.	57 050 T.	38 395 T.	2.323.046 T.
Nombre de pavés	3 001.770 P.	803.700 P.	961.490 P.	4.766 960 P.

Les dépenses effectuées depuis l'origine par le Service des Ponts et Chaussées pour cette œuvre de longue haleine récapitulent d'ailleurs comme il suit :

(1) Actuellement en cours d'étude ou de reconstruction, l'achèvement définitif pouvant être envisagé pour 1930.

1919	7.613.418 03
1920	30.414.489 96
1921	22.712.300 63
1922	14.814.069 49
1923	13.130.197 97
1924	19.461.716 06
1925	15.596.247 01
1926	5.056.352 76
1927	5.691.798 77
1928 (crédits)	4.020.386 19
Total	138.510.976 87

L'évaluation globale des travaux, refaite fin 1927, compte tenu de tous les éléments connus à cette époque, chiffrait à 13.600.000 francs les dépenses restant à effectuer au 1er janvier 1928. En raison de la dernière augmentation des tarifs de chemins de fer, survenue entre temps, et compte tenu des travaux exécutés en 1928, on peut évaluer à 10 millions les dépenses restant à effectuer au 1er janvier 1929. Bref, la restauration du réseau routier meusien, dorénavant bien près de son achèvement, aura coûté en chiffres ronds 148.500.000 fr. Encore ce chiffre ne fait-il pas état de la fraction des livraisons de matériaux durs et de pavés qui a été directement consentie par l'Administration Centrale des Travaux Publics.

LA RECONSTRUCTION DES PONTS
dans le département de la Meuse

par M. Frontard,

Ingénieur en Chef des Ponts et Chaussées.

Deux décisions des 28 janvier et 11 juin 1919 du Ministre des Travaux Publics, arrêtées d'accord avec le Ministre de l'Intérieur, chargèrent les Services des Ponts et Chaussées des dix départements sinistrés d'exécuter tous les travaux de reconstruction des ponts et ouvrages d'art détruits ou détériorés par les hostilités sur les voies terrestres de toutes catégories. Aux termes de la seconde de ces décisions, statuant sur une liste des ouvrages de plus de 3 mètres de portés établie par les services locaux, ceux-ci étaient invités à préparer d'urgence les devis-programmes utiles en vue de confier à l'industrie privée, par voie de concours publics ou restreints, l'établissement des projets et l'exécution des travaux des ponts de plus de 5 mètres d'ouverture, et à adopter pour les ponts de moins de 5 mètres le mode de l'adjudication en groupant ces derniers en un certain nombre de lots.

Le problème était, dans la Meuse, des plus importants, le nombre des ponts de plus de 3 mètres détruits par l'invasion ne s'élevant pas à moins de 169 unités, comprenant une majorité de forts grands ouvrages.

Tout en poursuivant, conformément aux directives ministérielles, la mise au concours d'un certain nombre de grands ponts, les Ingénieurs de la Meuse ne laissèrent pas que de s'adonner activement, par leurs propres moyens, à la rédaction des projets de divers autres ouvrages non moins importants. Ces projets visèrent dès l'origine (en dehors d'une réfection partielle des voûtes du pont de Tronville sur l'Ornain, simple ment déformées par le passage des véhicules militaires), la reconstruction des ponts de Boureuilles (route nationale n° 46) et d'Aubréville (chemin d'I. C., n° 60) sur la rivière d'Aire, de Parois (voirie urbaine) sur la Cousance, et de Dompcevrin (chemin d'I. C., n° 1) et Bannoncourt (chemin d'I. C., n° 9) sur la Meuse. Pour ces deux derniers ouvrages la reconstruction fut combinée avec un travail d'amélioration intéressant, consistant en l'exhaussement des chemins d'intérêt commun n°s 1 et 9, naguère établis au niveau du sol naturel dans toute leur traversée du champ d'inondations de la Meuse. Les levées insubmersibles dont il s'agit (1), furent obtenues à peu près gratuitement par l'utilisation des décombres provenant des ruines des quatre villages intéressés de Dompcevrin, Maizey, Bannoncourt et Lacroix-sur-Meuse. qu'il était nécessaire de déblayer dans tous les cas.

Il fut employé, dans plusieurs de ces ouvrages, ainsi que de ceux qui suivirent ultérieurement, un système de construction particulièrement élégant et rapide, dont plusieurs applications militaires avaient été réalisées pendant la guerre. Ce procédé consiste à établir, entre les culées ou piles préalablement établies ou rétablies, des fermettes métalliques convenablement dimensionnées, en forme d'arcs dessinant le squelette des futures voûtes. On accroche ensuite à ces arcs, trop faibles intrinsèquement pour constituer des ouvrages définitifs, des coffrages en bois enveloppant lesdits arcs euxmêmes; et on coule sur place un rouleau de béton enrobant les aciers et constituant avec ceux-ci une solide voûte en ciment armé. Les voûtes ainsi obtenues, l'ouvrage s'achève comme un pont quelconque en maçonnerie ou ciment armé. Les calculs de résistance montrent d'ailleurs que le procédé procure dans certains cas, en dehors des facilités de construction que nous venons d'indiquer, des économies intéressantes tant sur le volume du béton des voûtes que sur le poids des aciers formant armatures.

Les ponts de Parois, de Dompcevrin et de Bannoncourt

---

(1) Totalement insubmersible pour celle de Bannoncourt à Lacroix ; et partiellement pour celle de Dompcevrin à Maizey, que recouvrent les crues exceptionnelles.

7

entre autres furent exécutés suivant cette méthode. Les fermettes étaient en grande partie toutes trouvées, car les services du Grand Quartier Général avaient constitué pendant la guerre un approvisionnement d'éléments courbes standardisés permettant d'obtenir, par simple jonctionnement de trois éléments convenablement choisis, l'ossature de voûtes de toutes portées entre 5 m. 50 et 12 m. 50. Les anciennes piles et culées des ponts de Dompcevrin et de Bannoncourt étaient établies pour des portées de 8 m. L'utilisation des pièces standardisées appartenant à l'Administration militaire, convenait donc parfaitement. On obtint ainsi, à peu de frais, l'édification d'ouvrages à la fois plus résistants, plus économiques, et d'aspect architectural plus satisfaisant que ceux existant avant la guerre à leurs lieu et place.

Indiquons ici, incidemment, que le département de la Meuse était malheureusement assez mal partagé en matière de ponts, non pas d'ailleurs numériquement, mais qualitativement. Le Service Vicinal avait pris l'habitude, entre 1845 et 1880, de constituer ces ouvrages au moyen de poutraisons en pièces de fonte de 6 m. à 10 m. de portée, affectant en profil transversal à peu près la forme d'énormes rails, et supportant dans leurs intervalles des dalles en pierre de taille sur lesquelles la chaussée était établie. Ces ponts, malgré la qualité remarquable de la fonte au bois dont l'industrie fleurissait à l'époque dans la région, offrent une résistance insuffisante au passage de maints véhicules : camions « poids lourds », rouleaux compresseurs, etc... et donnent lieu à des sujétions de circulation constantes se traduisant à chaque manquement par des avaries. Et il n'en était pas seulement ainsi pour les petits ouvrages ; les grands ponts sur la Meuse eux-mêmes avaient été établis, à l'époque, suivant un type identique, avec travées multiples ; les ponts de Bannoncourt et de Dompcevrin, par exemple, comportaient chacun 7 travées de 8 mètres. Ce procédé vétuste n'avait même plus le mérite d'être économique ; et l'on constata aisément que, pour tous les ponts détruits ainsi préétablis, la reconstruction en identique eût été, aux prix actuels de la fonte et de la pierre de taille, plus onéreuse que les modalités finalement adoptées.

malgré la différence considérable de résistance, procurée par celles-ci.

Concurremment avec la mise sur pied de ces projets dans les bureaux des Ingénieurs, trois concours furent successivement ouverts à la fin de 1919, pour appeler sur huit grands ouvrages les études et propositions de l'industrie privée.

Ces concours, qui portèrent sur les ponts de Maizey, Saint-Mihiel, Verdun (La Galavaude), Charny, Consenvoye, Vilosnes, Dun-sur-Meuse et Stenay, rencontrèrent peu de succès, exception faite pour le pont de la Galavaude : nous devrions dire les ponts de la Galavaude, car le ponte-route et le pont du chemin de fer à voie métrique constituait originellement deux ouvrages séparés, tous deux en charpente métallique et d'ailleurs fort dissemblables (l'un en arcs, et l'autre à travées droites ; l'offre la plus intéressante, qui fut retenue par l'administration, comporta juxtaposition des deux ouvrages, de manière à offrir à la circulation une plateforme unique, le dessus du pont-rails formant trottoir par rapport au pont-route.

Tous ces concours, dont l'élaboration n'avait pas été sans demander beaucoup de temps, se traduisirent finalement par la passation, assez tardive, des marchés de construction de trois ponts seulement : ceux de Maizey, de Verdun (La Galavaude), et de Charny. Les autres concours ouverts à la même époque par l'Administration centrale des Travaux Publics, donnèrent d'ailleurs à diverses reprises des résultats du même ordre, les bureaux d'études des constructeurs, aussi surchargés de besogne que ceux de l'Administration elle-même, n'ayant pu faire face à un semblable afflux de demandes. Par surcroît, il ne s'agissait encore que d'avant-projets. Les calculs de résistance dûment corrigés, et le marché négocié, non sans difficultés, sur les bases de l'avant-projet convenablement rectifié, il restait à obtenir de l'entrepreneur l'élaboration du projet définitif, comportant les dessins de détail de tous les éléments de l'ouvrage ; il fallait vérifier ces dessins, obtenir les rectifications jugées utiles, etc... Entre temps, les prix de la main-d'œuvre et des matières premières subissaient des variations telles, que le marché pouvait se trouver frappé

de caducité, obligeant à reprendre par la base toutes les négociations antérieures. On n'en finissait pas, et la vérité est que la méthode des concours, destinée en son principe à simplifier et accélérer l'organisation des travaux, se révélait plus lente que toutes les autres.

Cette impression se confirma de plus en plus par la suite. Le pont de Maizey, dont la charpente métallique aurait dû, aux termes du contrat, être livrée en octobre 1920, ne fut mis en service qu'en décembre 1922. Pour le pont de la Galavaude, livrable contractuellement en mai 1922, ce ne fut qu'en juillet 1922 et en mars 1923 que furent respectivement livrés à la circulation les deux ouvrages jumeaux dont il se composait. Enfin, le pont de Charny, qui eût dû être achevé pour octobre 1921, ne le fut en réalité qu'en juillet 1922.

Pendant ce temps, les ponts ayant fait l'objet de projets dressés par les Ingénieurs s'exécutaient sinon sans difficultés, du moins sans ces interminables pourparlers qui alourdissaient les affaires mises au concours. Les ponts de Dompcevrin et Bannoncourt, mis en adjudication le 9 novembre 1920, et les ponts de Parois et d'Aubréville, mis en adjudication le 21 décembre 1920, pouvaient être livrés à la circulation à des dates s'échelonnant d'octobre 1921 à août 1922. A la suite de ces expériences, le service des Ponts et Chaussées de la Meuse, avec l'accord de l'Administration supérieure des Travaux Publics, préféra désormais amplifier son effort dans le sens de l'établissement, par ses propres moyens, de tous les projets de reconstruction d'ouvrages d'art détruits, et ne fît plus appel à la concurrence que pour la seule exécution des travaux, en recourant aux méthodes habituelles d'adjudication pour les affaires importantes, et de passation de marchés de gré à gré, après appels d'offres, pour les affaires plus modestes.

Il ne faut pas tirer de ces constatations une leçon trop systématique, les Ingénieurs de la Meuse étant les premiers à déclarer que la méthode des concours peut donner des résultats avantageux pour les ouvrages répondant à des problèmes non encore résolus, ou présentant des complications exceptionnelles. Mais tel n'était pas le cas en l'espèce. Les deux ou-

vrages les plus importants de toute la série reconstruite ont été,
en fait, d'une part les ponts jumelés de la Galavaude à Verdun, et d'autre part, le pont de Saint-Mihiel ; les premiers
comportent quatre travées de 21 mètres chacune, le second
trois arches de 27, 29 et 27 mètres d'ouverture respective.
D'autres tabliers offraient, entre culées ou entre pile et culée.
des portées un peu plus considérables, atteignant jusqu'à
35 mètres pour le pont d'Inor sur la Meuse. De tels chiffres
méritent considération et s'appliquent déjà, aux yeux du public, à de beaux ouvrages ; mais aux yeux des Ingénieurs ils
posaient plutôt des problèmes courants ; et c'est l'extrême
multiplicité de ceux-ci, plus que la difficulté intrinsèque de
chacun d'eux, qui requit leurs plus grands efforts.

Avec l'adjonction d'un renfort de personnel de bureaux obtenu de l'Administration, les Ingénieurs abordèrent ainsi un
à un, méthodiquement, l'étude technique des projets de restauration des ponts détruits ; et en poursuivirent au fur et à
mesure la mise à exécution, tant par adjudication publique
que par marchés de gré à gré. On s'attacha naturellement à
un ordre d'urgence rationnel, tenant compte à la fois du
degré d'importance de la circulation, de l'existence ou non-
existence d'un pont provisoire assurant le maintien de celle-
ci, de l'état de solidité, le cas échéant, de ce pont provisoire,
etc... Pratiquement, il fallait accélérer de préférence la reconstruction des ouvrages les plus considérables, trop impar-
faitement remplacés par d'étroits passages provisoires, sujets
à une usure et une pourriture rapides. C'est ce qui fut fait.
Les grands ponts sur la Meuse, qui méritent naturellement
une mention toute spéciale, furent traités dans l'ordre ci-
après :

— 1920. Ponts de Maizey, Dompcevrin, Bannoncourt,
Charny et Dun-sur-Meuse (Voir plus haut).

— 1921. Ponts de Bislée, Consenvoye et Martincourt.

— 1922. Ponts de Brasseitte, Han-sur-Meuse, Saint-Mihiel,
Troyon, Manthairons, Villers-sur-Meuse, Vilosnes, Sassey et
Inor.

— 1923. Ponts de Pichaumeix et de Stenay.

— 1924. Pont de Sivry-sur-Meuse.

— 1925. Pont de Tilly.

Tous ces ponts sur la Meuse sont aujourd'hui achevés ; et un seul ouvrage reste à reconstruire sur la même rivière : celui de Pouilly-sur-Meuse, dont la restauration est retardée par l'examen de diverses variantes. De même sont achevés, sauf rares exceptions, les nombreux ouvrages de décharge dont étaient percées, pour l'écoulement des eaux de crues, les levées insubmersibles traversant le lit majeur de part et d'autre des ouvrages principaux.

Nous citerons encore, parmi les ouvrages les plus importants sur les autres rivières du département, le pont de Chauvency-le-Château sur la Chiers, bel ouvrage monumental, datant du xviiie siècle, dont on craignit un moment d'avoir à sacrifier les dernières maçonneries restantes et où on put heureusement se contenter de refaire deux arches, soigneusement traitées suivant leur aspect ancien ; nous citerons aussi sur la même rivière les ponts de Montmédy et de Chauvency-Saint-Hubert ; sur la Loison le pont en maçonnerie de Louppy ; sur l'Orne les ponts de Warcq, Buzy, Saint-Jean-les-Buzy, Darmont ; sur le Longeau le pont de Harville ; sur l'Aire celui de Varennes ; sur le Canal de l'Est les ponts de Servizy, Neuville, Vacherauville, Samogneux, les deux ponts des Patis et des Poteaux à Mouzay, ceux de Brouzel et de Strouville à Sivry, etc...

Tous ces ouvrages offrent la plus grande variété. Ils n'ont comporté que très exceptionnellement la répétition « en identique » des dispositions préexistantes, l'emploi des procédés de construction les plus modernes s'étant en général révélé comme plus avantageux. C'est le béton armé qui presque toujours procurait la solution la moins onéreuse, aussi a-t-il été employé sur la majeure partie des ouvrages : les plus importants d'entre eux, celui de la Galavaude à Verdun et surtout le beau pont de Saint-Mihiel, montrent quel parti architectural peut être tiré de ce procédé, naguère si décrié. On a exécuté aussi quelques grands ponts en maçonnerie, notamment ceux précités de Boureuilles, Dun-sur-Meuse, Charny, Sassey, Chauvency-le-Château, Chauvency-Saint - Hubert, Louppy-sur-Loison. Quant à la charpente métallique, elle a été heureusement l'exception : en dehors des trois ponts de Maizey, Martincourt et Inor, rétablis à neuf suivant leur structure d'avant-guerre, on ne l'a employée que pour des réparations partielles : citons spécialement à cet égard les deux ponts de Bislée et de Troyon sur la Meuse, tombés en trois morceaux pour chaque travée au fond de la rivière et qui furent relevés au moyen de vérins et jonctionnés à nouveau suivant leurs dispositions d'avant-guerre.

On a pu fréquemment combiner les travaux de restauration proprement dits avec des améliorations intéressantes des conditions de résistance, débouché, etc..., des anciens ouvrages, en mettant à la charge de la collectivité ou du service bénéficiaire, le cas échéant, le surcroît de dépense résultant de ces améliorations par rapport au coût de la reconstruction en identique. C'est ainsi que tous les ponts sur le Canal de l'Est au Nord de Verdun ont reçu, aux frais du Service de la Navigation, un supplément de tirant d'air et un supplément de portée libre destinés à parer à des besoins futurs. De même le département de la Meuse a pris à sa charge l'augmentation de débouché du pont de Warcq, rétabli à trois arches, au lieu de deux pour faciliter l'écoulement des crues, l'augmentation de résistance des ponts de la levée de Stenay conçus pour supporter le cas échéant un convoi de chemin de fer roulant sur une voie ferrée éventuelle au milieu de la chaussée, etc... Bien entendu, les anciens ponts vicinaux à poutres en fonte, du système désuet dont il a été parlé au début, ont pu, toutes les fois qu'ils étaient complètement détruits, être reconstruits suivant des dispositions meilleures sans participation du département, puisque l'adoption de ces dernières se trouvait en tout état de cause moins onéreuse ; et c'est seulement dans les cas de destruction incomplète qu'une subvention fut en l'espèce demandée légitimement au département pour compenser le sacrifice de portions non totalement ruinées.

Les travaux, aujourd'hui, tirent à leur fin. A la date du 30 novembre 1928, leur situation était la suivante : sur 169 ouvrages détruits, représentant une longueur détruite cumulée de 2.954 mètres, 120 offrant une longueur totale de 2.359 mètres étaient entièrement rétablis ; et 18 étaient en

cours de reconstruction ou sur le point de l'être, le projet les
concernant dûment approuvé par le Ministre ou par le Préfet
suivant le cas. A la même date les dépenses effectuées depuis
l'origine par le Service des Ponts et Chaussées, se récapitu-
laient comme il suit :

1919 —	12.972,00		1924 —	2.142.975,88
1920 —	361.174.65		1925 —	1.828.295,50
1921 —	2.636.974,37		1926 —	1.143.564,74
1922 —	2.430.468,58		1927 —	1.751.364,09
1923 —	2.725.241,24		1928 —	693.906,24
				(9 mois)

15.726.937,29

L'évaluation globale des travaux, refaite fin 1927 compte
tenu de tous les éléments alors connus, chiffrait à 3.840.000 fr.
les dépenses restant à effectuer au 1ᵉʳ janvier 1928. En tenant
compte de la légère hausse survenue entre temps, on peut
évaluer aux environs de 3.300.000 francs les dépenses restant
à effectuer à ce jour. Bref, la restauration des ponts détruits
de toute nature livrant passage à des voies terrestres dans le
département de la Meuse aura coûté, en chiffres ronds,
19 millions.

Reconstitution des voies ferrées
d'intérêt général

Par M. Riboud,

Directeur de la Compagnie des Chemins de fer de l'Est.

Dans la Meuse, deux lignes furent particulièrement éprouvées lors de la guerre : la ligne de Lérouville à Sedan et la ligne de Reims à Metz qui se croisent à Verdun.

La ligne de Lérouville à Sedan constituait à peu près la ligne de front aux abords de Saint-Mihiel, mais les dégâts qu'elle subit furent surtout considérables au nord de Verdun. Elle y traversait Cumières, Regnéville, se tenait aux abords du Mort-Homme, de la côte de l'Oie, du ravin des Sarrazins. Aussi la superstructure ne fut pas seule détruite et sur bien des points la plateforme elle-même disparut. Au sud de cette zone de combat intense, vers Charny, nos troupes utilisèrent les tranchées et les remblais de la plateforme pour se faire des retranchements; au nord, vers Consenvoye et Sivry, les Allemands firent de même.

Plus tard, au moment de l'offensive franco-américaine, les destructions se poursuivirent, les Allemands dans leur retraite faisant sauter des ouvrages d'art ce que le bombardement en avait épargné.

A l'Armistice, 111 ouvrages d'art et 157 bâtiments étaient à réparer ou à reconstruire, les voies principales étaient en grande partie détruites ainsi que les alimentations hydrauliques et les lignes télégraphiques.

La ligne de Reims à Metz devait également payer un large tribut à la guerre. En 1916, entre les Islettes et Verdun, au moment des attaques sur Verdun, elle subissait des bombardements intenses. Le souterrain de Tavannes à 6 km. à l'est de Verdun constituait l'un des retranchements principaux de nos troupes devant Souville et Vaux; ses têtes furent détruites par l'artillerie ennemie et ses maçonneries intérieures furent fortement endommagées par une violente explosion. A l'Armistice, 37 ouvrages d'art et 108 bâtiments étaient détruits ou avariés ainsi que les lignes télégraphiques, téléphoniques et les installations hydrauliques.

Sur les autres lignes de chemin de fer situées dans le département de la Meuse, les destructions étaient moins importantes. Les installations des gares et des maisons de garde étaient détériorées par les bombardements, mais les ouvrages d'art étaient intacts. Il convient toutefois de signaler le pont sur l'Ornain, entre Revigny et Sommeille-Nettancourt, détruit par le Génie Français en 1914 et reconstruit en 1915, ainsi que le souterrain de Montmédy sur la ligne de Charleville à Thionville. Ce dernier fut détruit aux 2 têtes et au centre le 27 août 1914 par le Génie français. Les Allemands y rétablirent une voie de circulation et construisirent pour le contourner, par le sud, une déviation à voie unique de 3 km. 500 de longueur. A la réoccupation, la Compagnie de l'Est mit cette déviation à double voie et entreprit la restauration du souterrain qui donna lieu à de sérieuses difficultés et fut terminée le 25 juin 1920.

Nos régiments du Génie pendant la guerre, les régiments de génie américain pendant les dernières opérations, avec la collaboration des agents de la Compagnie de l'Est, travaillèrent pour maintenir en exploitation les sections de ligne proches du front et en réparer les brèches lorsqu'une accalmie de bombardement le permettait. On profitait de la nuit pour écouler les transports, on établissait des épis, des déviations, de nouvelles lignes, Dugny, Aubréville, devenaient l'origine d'un réseau ferré qui venait rejoindre à l'arrière la ligne de Paris à Strasbourg, vers Revigny, traversant les régions de Souilly et Fleury-sur-Aire ; plusieurs kilomètres de ce réseau furent construits avec du matériel déposé de la ligne de Lérou-Sedan, vers Ancemont.

Après l'armistice, la reconstitution des voies ferrées comprit pratiquement 3 étapes caractérisées : la première par l'intervention des éléments militaires, la deuxième par l'application d'une méthode de travail dite de la régie intéressée et la troisième par l'exécution des travaux dans les conditions normales du temps de paix.

La première période s'étendit jusqu'au milieu de 1919. Les

Américains occupaient alors le secteur de Verdun et en exploitaient les voies. Ils rétablirent à la voie unique la ligne entre Verdun et Sedan, en construisant des ponts provisoires. Ils déblayèrent le souterrain de Tavannes et remirent également en service les lignes entre Verdun et Conflans et entre Conflans et Montmédy. Ils construisirent les baraquements indispensables et, à leur départ, l'exploitation était assurée dans des conditions à peu près normales. La Compagnie de l'Est reprenait alors son rôle et procédait à la reconstitution définitive des lignes.

Le programme des travaux qui fut élaboré tout d'abord, impliquait l'emploi, à cette époque indispensable puisqu'il s'agissait avant tout d'agir vite, d'une main-d'œuvre importante mais des plus disparates : Portugais, Espagnols, Italiens, Polonais, Russes et même Nord-Africains et Asiatiques. L'un des gros problèmes fut le cantonnement de tout ce monde; les entrepreneurs durent édifier des baraquements pour dortoirs qui vinrent compléter les installations de guerre également utilisées lorsque cela se pouvait. Deux ou trois cents noirs, campés dans de nombreux abris de guerre allemands, cubes de béton percés d'une ouverture, abris souterrains taillés dans la roche calcaire, voûtes bétonnées sur tôle ondulée, etc... groupés dans un haut talus boisé de la ligne au delà de Consenvoye, donnaient à ce lieu un aspect exotique pittoresque.

Le ravitaillement d'un effectif aussi important d'hommes était une autre difficulté; il fut assuré par la construction de nombreuses cantines dans les stations et des magasins de vivres et de matériel de couchage dans les principaux centres :
Saint-Mihiel, Verdun, Conflans, Etain et Dun.

Le transport du personnel et des matériaux était assuré par des automobiles.

Ultérieurement, des entreprises travaillant sur série de prix avec une main-d'œuvre sélectionnée, purent être organisées au grand profit des résultats obtenus.

En fait, la reconstitution put être considérée comme terminée dès 1923.

Dans l'ensemble, les travaux de reconstitution des voies ferrées d'intérêt général donnèrent lieu, dans le département de la Meuse, à une dépense d'environ 55 millions.

La remise en état des voies ferrées d'intérêt local

Par M. Frontard, *Ingénieur en chef des Ponts et Chaussées.*

Les voies ferrées d'intérêt local de la Meuse comprenaient, à la veille de la guerre, trois réseaux :

A. — Ligne à voie normale de Naix à Guë et embranchements, concédés à la Compagnie du chemin de fer de Guë à Menaucourt.

B. — Réseau à voie métrique de la Compagnie Meusienne de Chemins de fer.

C. — Réseau de la Woëvre, également à voie métrique, concédé à la Société Générale des Chemins de fer Economiques.

Le premier n'a subi du chef des hostilités que des dégâts insignifiants ; le second a été fort endommagé ; le troisième fut en majeure partie détruit. Nous les passerons en revue successivement.

A. — *Réseau de la Compagnie du Chemin de fer de Guë à Menaucourt.*

Ce réseau, long de 45 km. 988, dont 40 km. 667 dans la Meuse et 5 km. 321 dans la Haute-Marne, comprend les lignes ci-après :

Naix-Guë, ouverte à l'exploitation en 1885...................... Longueur : 36 km. 358.

Dammarie - Montiers, ouverte à l'exploitation en 1912........... Longueur : 9 km. 630.

Plus divers embranchements ouverts au seul trafic des marchandises.

Situé à une distance respectable de la zone de combats, il ne subit que peu de dégâts. Par jugement du 28 avril 1923, le

tribunal de dommages de guerre de l'Arrondissement de Bar-le-Duc, réformant une décision de la Commission Cantonale d'Ancerville, alloua à la Compagnie les indemnités ci-après :
3ᵉ catégorie.

	Perte subie.	Frais supplémentaire.
§ 2. — Voie et canalisation électrique au garage d'Aulnois-en-Perthois, détériorées par bombardement aérien le 24 juillet 1918	478 fr.	1 286 fr.
§ 3. — Matériel roulant détérioré au même lieu le 24 juillet 1918.....	1.129 fr.	2.191 fr.
Totaux.....	1.607 fr.	3.477 fr.

B. — *Réseau de la Compagnie Meusienne de Chemins de fer.*

Ce réseau comprend les cinq lignes à voie métrique de :

Haironville à Triaucourt, ouverte à l'exploitation en 1881 .... Longueur : 61 km.

Bar-le-Duc à Vaubecourt, et Rembercourt à Clermont-en-Argonne, ouvertes à l'exploitation en 1887 .... Longueur 66 km.

Beauzée à Verdun, ouverte à l'exploitation en 1895 .... Longueur : 38 km.

Rembercourt à Pierrefitte, ouverte à l'exploitation en 1912 .... Longueur : 13 km.

Total .... 168 km.

Son histoire pendant les hostilités comprend deux périodes :

a) *Période du 1ᵉʳ août au 30 novembre 1914,* où l'exploitation était restée confiée à la Compagnie Meusienne. Au cours de cette période, la région ouest du réseau, engagée dans la bataille de la Marne, fut au début de septembre le siège de violents combats. Les bâtiments de la station de La Vaux-Marie furent incendiés, ceux d'un grand nombre d'autres stations endommagés par des projectiles.

b) *Période postérieure au 1er décembre 1914.* — Au cours de cette deuxième phase, l'exploitation fut poursuivie par les seuls moyens militaires, le réseau ayant été réquisitionné par un ordre du 24 novembre 1914, du Général commandant en chef les armées. Ce fut une période de circulation intense que la bataille de Verdun vint porter à son paroxysme. Les lignes situées au Nord de la voie normale Paris-Nancy, comportant des installations de transbordement avec le réseau d'intérêt général à Bar-le-Duc et à Revigny, furent parcourues par quarante trains par jour et davantage et rendirent d'immenses services.

Avant de traiter des dégâts subis par le réseau dans cette extraordinaire période d'activité, qui se prolongea jusqu'à sa déréquisition, survenue le 31 décembre 1918, il importe de signaler que bien des améliorations furent aussi, en contre-partie, réalisées par l'armée. La situation au lendemain des hostilités, était à cet égard la suivante : de nombreuses modifications avaient été exécutées par l'Administration militaire pour accroître le rendement du réseau :

— allongement des voies de diverses stations,

— création de nouvelles voies d'évitement entre les stations régulières,

— pose d'une deuxième voie dans la section de La Vaux-Marie à Beauzée (formant tronc commun entre les lignes de Bar-le-Duc-Vaubecourt, Rembercourt-Clermont, Beauzée-Verdun et Rembercourt-Pierrefitte),

— création d'épis desservant des parcs, dépôts de munitions, etc...

Une partie de ces installations, inutile ou même nuisible à l'exploitation du temps de paix, fut démontée après la guerre, et le matériel en provenant revendu au bénéfice de l'Etat; le reste offrait ou pouvait offrir quelque utilité pour l'exploitation normale du réseau ; le département s'en porta acquéreur en 1922. Il n'y eut donc plus à poursuivre, dans l'étude des dégâts subis par le réseau, de compensation avec les quelques plus-values qui lui avaient été apportées.

Ces dégâts furent importants. Certaines parties du réseau subirent à nouveau des dévastations par obus ou incendies ; tel fut le sort notamment des gares de Verdun et de Clermont-en-Argonne. En outre, la section d'Auzéville à Clermont et la gare de Clermont, où l'exploitation avait été entièrement interrompue dès le début de la bataille de Verdun (la ligne d'intérêt local ayant été même coupée peu après, près d'Auzéville, par le remblai de la nouvelle ligne militaire à voie normale n° 6 *bis*), furent endommagées par l'état d'abandon où elles étaient laissées ; il en fut de même pour la section de Maison-Rouge à Verdun et la gare de Verdun. De façon générale, tout l'ensemble du réseau souffrit d'un défaut d'entretien marqué. Le ballast, notamment, envahi presque partout par la paille qui s'échappait des wagons et qui pourrissait sur place, n'avait pour ainsi dire fait l'objet d'aucun rechargement et exigeait des fournitures nouvelles fort importantes. De même les peintures des ouvrages métalliques et des bâtiments étaient à refaire, les plâtres étaient dégradés, etc... Seuls les rails et les traverses pouvaient être considérés comme n'ayant subi en général qu'une usure normale; tout le reste avait subi soit des dégradations, soit à tout le moins une usure anormale.

Il en était de même pour le matériel roulant. Les wagons à voyageurs, sans cesse utilisés au transport des troupes, étaient dans un état lamentable ; toutes les vitres cassées, toutes les lampes cassées, tous les coussins enlevés ou crevés, un certain nombre de portières arrachées. De même, les locomotives et wagons de marchandises avaient subi nombre de dégradations excédant dix fois l'usure normale admissible.

Enfin l'immeuble n° 30 du Boulevard de la Rochelle à Bar-le-Duc, propriété privée de la Compagnie et non réquisitionné, comprenant les bureaux de celle-ci et les appartements du Directeur, fut gravement endommagé en Septembre 1917 par un incendie provoqué par bombes d'avions, qui détruisit d'ailleurs entièrement les deux maisons contiguës n°s 32 et 34 du même boulevard.

Les travaux de restauration du réseau furent immédiatement entrepris, dans des conditions que nous relaterons plus loin. Entre temps la Cie Meusienne de Chemins de Fer fut appelée à établir, conformément aux prescriptions de la circulaire de M. le Ministre des Travaux Publics du 22 novembre 1919, en vue de l'apurement final des sommes avancées par l'Etat du chef de cette restauration, une demande d'indemnité de dommages de guerre dans la forme habituelle. Cette demande, déposée le 23 novembre1920 au greffe de la Commission Cantonale de Bar-le-Duc, se résume comme il suit :

DOMMAGES CAUSÉS	Calcul de la perte subie			Somme demandée (y compris la perte subie) pour la reconstitution en identique
	Coût de construction ou de réparation à la veille de la mobilisation	A déduire dépréciation pour vétusté	Perte subie (différence des colonnes 2 et 3)	
(1)	(2)	(3)	(4)	(5)
1° A la voie et aux bâtiments	457.966 56	»	»	2.180.865 92
2° Au matériel roulant	137.287 69	»	»	823.726 14
3° A l'outillage et au mobilier des gares, de la voie et des ateliers ..	34.595 65	»	»	170.561 63
4° Divers	22.287 54	»	»	61.810 »
Totaux	652.137 44			3.236.963 69

La demande portait non seulement sur les dommages causés aux ouvrages et au matériel de la concession ; mais aussi, à titre récapitulatif, sur ceux causés au domaine privé de la Compagnie, soit, en l'espèce, à son immeuble d'administration de Bar-le-Duc, bien que ces derniers dommages eussent fait l'objet d'une déclaration distincte, se chiffrant à 11.261 fr. 84 valeur 1914 et 50.784 fr. 30 valeur de réemploi, remise au greffe du Tribunal civil de Bar-le-Duc, le 6 décembre 1919.

Nous ajouterons, à titre purement documentaire, que la Compagnie ayait produit précédemment, à la date du 11 février 1920, sur demande du Ministre des R. L., une estimation de ses dommages se chiffrant à 820.082 francs, valeur 1914, et à 3.456.340 fr. 52 valeur de réemploi, à laquelle la Compagnie ajoutait 5.496.700 francs pour usure exceptionnelle de la voie causée par l'intensité des transports du réseau réquisitionné, l'ensemble paraissant ainsi devoir entraîner au total une revendication de 8.953.040 fr. 52. Mais le service du Contrôle avait à l'époque fait remarquer à la Compagnie que l'usure des rails (qui a atteint effectivement, du fait de la circulation intense de la période de guerre, au moins 2 millimètres, — soit davantage en ces quatre années qu'en 40 années de paix) — n'était qu'une conséquence normale des transports, et devait être en conséquence imputée financièrement sur les péages correspondants. La Compagnie n'insista pas autrement ; et sa demande définitive d'indemnité en réparation de dommages de guerre ne porta plus trace de cette ancienne revendication.

Travaux de restauration. — Lorsque fut prononcée la cessation au 31 décembre 1918 de la réquisition du réseau, la Compagnie n'accepta la restitution de son matériel roulant qu'après une expertise détaillée, confiée à un Ingénieur de la Traction d'une grande Compagnie, et des débats avec l'Administration militaire, qui finirent par se conclure de gré à gré par le versement forfaitaire d'une somme globale de 672.237 fr. 97 dans sa caisse.

Ainsi la remise en état du matériel roulant put être entreprise par cette dernière (et continuée, après rachat du réseau, par le département de la Meuse), sans aucun appel à la législation, relative aux dommages de guerre.

Il en fut de même pour le remplacement de l'outillage non restitué par la 10e Section, lequel fut opéré par la Compagnie au moyen d'une indemnité forfaitaire de 40.995 fr. 88, versée directement par l'Administration militaire postérieurement à la déréquisition.

Mais il n'en fut pas ainsi pour les installations fixes du réseau. Là ce fut l'Administration des Travaux Publics qui, entendant poursuivre de toute urgence le rétablissement des voies de communication des régions dévastées, prit en mains la direction et le financement des travaux. L'Administration fit choix à cet effet, au titre d'entrepreneur, de la Société exploitante elle-même, agissant à titre privé, et passa avec la Compagnie Meusienne un premier marché (du type dit « marché Claveille »), en date du 23 juin 1919, approuvé par dépêche ministérielle du 3 juillet 1919.

Bien entendu, ce marché portait uniquement sur les instal·lations du domaine public, et non sur les biens privés de la Compagnie. L'immeuble d'administration du boulevard de la Rochelle fut donc restauré par les propres moyens de la Compagnie, agissant comme un sinistré ordinaire ; et la créance y afférente de la Compagnie sur l'Etat fut fixée par la juridiction ordinaire des dommages de guerre. Le tribunal des dommages de guerre de l'Arrondissement de Bar-le-Duc, siégeant aux lieu et place de la Commission cantonale dissoute, saisi de l'ensemble de la demande primitive de 50.784 fr. 30 et d'une demande supplémentaire formulée postérieurement par la Compagnie (qui avait dépensé 84.610 francs aux travaux de restauration), fixa ainsi qu'il suit, en date du 21 octobre 1922, après une expertise confiée à M. Boqué, Ingénieur ordinaire, à Bar-le-Duc, l'indemnité due à la Compagnie :

Maison sise à Bar-le-Duc, 3o, Boulevard de la Rochelle. détériorée par bombardement aérien des 4 Septembre et 2 Octobre 1917.

3ᵉ catégorie, § *1*.

Perte subie.	15 139 28	»
Frais supplémentaires	»	58.057 12
Frais d'expertise	321 80	»
Honoraires de reconstruction.	»	3.035 60

§ *4*.

Dépenses faites pour éviter des dommages à la maison-ci-dessus. . . .	4 193 87	»
Totaux	19 654 95	61.092 72
Ensemble. . . .	80.747 67	

Sur ces entrefaites fut prononcé, par une loi du 27 mars 1923, le rachat par le département de la Meuse du réseau de la Compagnie Meusienne, avec effet du 1ᵉʳ juin 1923.

Le contrat de rachat approuvé par ladite loi portait une clause (art. 4), portant substitution du département à la Compagnie Meusienne pour l'exercice de tous les droits de celle-ci à la réparation des dommages de guerre subis par son réseau, ainsi que pour toutes les obligations en résultant. Ainsi, c'est au nom du département de la Meuse et non plus de la

Compagnie Meusienne, que les jugements concernant les dommages du réseau proprement dit devront intervenir.

Les travaux de remise en état du réseau, momentanément interrompus, furent aussitôt repris par l'Administration des Travaux Publics, qui passa à cet effet avec la Société Générale des Chemins de fer Economiques, nouvelle exploitante, un marché de gré à gré sur série de prix, en date du 16 mars 1923, approuvé le 8 mai 1923, par l'Ingénieur en Chef du Contrôle, délégué à cet effet par décision ministérielle du 5 mai 1923.

Ils sont aujourd'hui entièrement terminés.

Les dépenses payées par l'Etat, tant du chef de l'exécution des deux marchés ci-dessus que de divers travaux ou fournitures soldés directement par l'Administration des Ponts et Chaussées, ainsi que des frais de déplacement et indemnités de régie comptable des agents chargés de la surveillance, se sont élevées à 2.313.514 fr. 43.

Ce chiffre ne comprend pas les dépenses de reconstitution des biens privés de la Compagnie, effectuées directement par la Compagnie au moyen de l'indemnité de 80.747 fr. 67, qui lui avait été allouée par le Tribunal de dommages de guerre de Bar-le-Duc, non plus que les dépenses de remise en état du matériel roulant, et de remplacement de l'outillage réquisitionné, réglées forfaitairement par l'Administration militaire par les deux indemnités en argent de 672.237 fr. 97 et 40. 995 fr. 88 dont il a été question plus haut, et qui ont été assumées en conséquence d'abord par la Compagnie Meusienne jusqu'à la date du rachat (à concurrence de 380.350 fr. 28), et ensuite par le département de la Meuse.

L'apurement des dépenses payées par l'Etat est en cours en vue de la fixation, par le tribunal compétent, de l'indemnité de dommages proprement dite du réseau, compte tenu tant des chiffres relatés ci-dessus que de la vétusté des installations reconstituées, des travaux provisoires incombant à l'Etat, des frais de personnel de celui-ci, etc... qui doivent entrer en déduction.

C. — *Réseau de la Woëvre.*

Ce réseau comprend les deux lignes ci-après :

Verdun à Montmédy : longueur 61 km.

Commercy à Vaux-devant-Damloup : longueur : 65 km.

Il venait précisément d'être ouvert à l'exploitation, ses diverses sections ayant été mises en service au cours du premier semestre de 1914. Sa construction avait été assurée directement par le département de la Meuse. Elle avait comporté l'exécution de plusieurs ouvrages d'art importants, notamment à Verdun un pont sur la Meuse accolé au pont-route dit « de la Galavaude ». La voie courante était en rails Vignole pesant 20 kgs. par mètre courant, posés sur traverses en chêne.

Le réseau rendit, au cours des premières semaines des hostilités, d'intéressants services à l'armée française. Mais, dès la fin d'août 1914, il tombait en majeure partie aux mains des ennemis, exception faite dès abords de Verdun et de Commercy. Par la suite de longues sections passèrent alternativement d'un belligérant à l'autre, au cours des batailles acharnées dont cette région fut le siège, et certaines furent complètement anéanties. Seul le matériel roulant, qui avait pu être évacué, ne subit du fait des ennemis que des dégâts relativement peu importants. Au lendemain des hostilités, la situation des deux lignes était la suivante :

a) *Ligne de Verdun à Montmédy.* — La voie et la plateforme étaient entièrement détruites depuis les abords de Verdun jusqu'à Azannes, dans la zone de la bataille de Verdun, tous les rails et le matériel fixe avaient été enlevés ou détruits; les remblais avaient été éparpillés par les obus et les mines, et ce qui en restait était creusé de cavités provenant d'abris divers exécutés tant par les Français que par les Allemands, suivant les positions respectives des belligérants. Un grand nombre même de ces cavités étaient invisibles de l'extérieur, et donnèrent lieu longtemps à des affaissements ou des effondrements qui furent pendant plusieurs années, après le rétablissement de la plate-forme et la reprise de l'exploitation, une cause de dangers permanents. Tous les ouvrages d'art, bâtiments et installations d'exploitation depuis Verdun, y compris les dépôts et ateliers situés dans cette localité, jusqu'à Han-les-Juvigny inclus, étaient détruits. Les grands ponts de la Galavaude sur la Meuse à Verdun et de Louppy-sur-Loison sur la rivière Loison, notamment, étaient, le premier rendu inutilisable par obus, le second entièrement détruit par explosion. Il ne restait plus aucun matériel de voie utilisable sur trente-cinq kilomètres de longueur, depuis Verdun jusqu'à Damvillers. L'outillage, les approvisionnements de charbon, huile, etc... avaient naturellement disparu.

La section d'Ornes à Montmédy avait été par ailleurs exploitée à plein rendement par les Allemands, qui y avaient réalisé à différentes époques, entre Azannes et Montmédy surtout, de nombreuses et importantes installations qui leur permirent d'y faire circuler pendant la bataille de Verdun jusqu'à 48 trains par jour, ainsi qu'en font foi les graphiques de marche retrouvés après leur départ. Toutes ces installations, faisant pendant de celles réalisées à la même époque par l'armée française sur le réseau de la Compagnie Meusienne de Chemins de fer, devaient comme ces dernières devenir inutiles au trafic du temps de paix, et étaient à démonter.

b) *Ligne de Commercy à Vaux.* — La section comprise entre Commercy et Liouville avait été transformée en voie normale par l'armée américaine, au moyen d'un surécartement à 1 m. 44 des rails existants ; ceux-ci étaient en majeure partie pliés ou tordus par la circulation du matériel roulant de voie normale pour laquelle ils n'étaient pas faits. De Liouville à Woinville la voie métrique, détruite par les événements de guerre, était remplacée par une voie normale en rails de 30 kg. apportés par les Américains, posés sur des traverses provisoires en sapin ; l'ancien matériel de voie avait naturellement disparu et la plateforme était très fortement détériorée.

De Woinville à Vigneulles la voie métrique était au contraire ramenée à l'écartement de 0 m. 60, mais le matériel de voie était profondément détérioré, tous les appareils de voie notamment étaient hors de service.

De Vigneulles à Hannonville, plateforme très détériorée voie métrique rétablie par l'armée avec des rails de différents calibres et de traverses disparates. Au delà jusqu'à Manheulles, plus de matériel de voie, sauf quelques sections avariées entre Fresnes et Manheulles.

De Manheulles à Vaux, zone des entonnoirs de la bataille de Verdun, tout était anéanti, voie, plateforme, et terrassements eux-mêmes.

Enfin, tous les bâtiments des gares, dépôts, ouvrages d'art, étaient détruits entièrement sur 52 km. depuis Apremont jusqu'à Vaux. Le bâtiment de la gare de Commercy également était en grande partie démoli. Des approvisionnements et de l'outillage il ne restait que des traces.

L'Administration des Travaux Publics, entendant poursuivre de toute urgence le rétablissement des voies de communication des départements dévastés, prit aussitôt en mains la direction et le financement des travaux de remise en état du réseau de la Woëvre. Elle fit choix à cet effet, une fois de plus, de la Société exploitante, agissant à titre privé, et passa avec la Société des Chemins de Fer Economique un premier marché du type dit « marché Claveille », en date du 31 mars 1919. Puis par la suite, ayant été amenée à renoncer, par mesure générale, à cette catégorie de marchés dont les inconvenients sont bien connus, elle remplaça le 16 mai 1922 ce marché par un autre, conclu également de gré à gré, mais sur série de prix. Enfin, au début de 1923, l'Administration ayant décidé de remettre aux Compagnies de Chemins de fer d'intérêt local sinistrées, le soin d'achever les travaux de réfection de leurs réseaux, au moyen des indemnités de dommages de guerre qui devaient leur être allouées comme à des sinistrés ordinaires, les opérations de remise en état du réseau de la Woëvre, d'ailleurs déjà presque terminées, furent ralenties, puis en 1925 furent suspendues en attendant la fixation, par la juridiction compétente, de l'indemnité de dommages acquise à la Société Générale des Chemins de Fer Economiques. Cette suspension ne présentait à ce moment aucun inconvénient grave, la remise en exploitation, soit provisoire, soit définitive des deux lignes sur la totalité de leur longueur étant d'ores et déjà un fait acquis depuis le 15 février 1920 pour celle de Commercy à Vaux et le 10 juillet 1920, pour celle de Verdun à Montmédy, et les seuls travaux restant à faire consistant en quelques parachèvements dans la remise en état d'avant-guerre des gares et stations.

En vue de cet apurement, et en exécution des instructions ministérielles, la Société Générale des Chemins de fer Economiques avait déposé en 1920, tant en son nom qu'en celui du département de la Meuse, au greffe des commissions cantonales compétentes, les dossiers de sa demande en réparation des dommages de guerre subis par le réseau. Cette demande se résume ainsi qu'il suit :

2 *Catégorie.*	Perte subie	Indemnité totale de remise en état
§ 1er. — Meubles..	68.640 45	343 202 25
§ 2 — Marchandises.	9 925 13	19.552 13
Total.....	78 565 58	362.754 38

3e *Catégorie.*		
§ 1er. Immeubles bâtis.	864.772 50	3.878 568 75
§ 2. — Immeubles non bâtis.......	2.646.647 26	11 387.026 15
§ 3. — Outillage industriel.	251 420 56	1.256 202 80
Total.....	3 762 840 32	16.921 797 70

RÉCAPITULATION

2e catégorie...	78 565 58	362.754 38
3e catégorie..	3 762 840 32	16.521 797 70
Total.. ...	3 841.405 90	16 884 552 08

Les dépenses payées à ce jour par l'Etat, pour l'exécution des deux marchés ci-dessus mentionnés, ainsi que du chef de divers travaux ou fournitures soldés directement par l'Administration, et de divers frais de déplacement ou de régie comptable alloués aux agents chargés de la surveillance, se sont élevées à 14.420.443 fr. 74.

L'apurement de ce compte est en cours, en vue de la fixation par le tribunal compétent de l'indemnité de dommages du réseau, abstraction faite des paiements concernant les travaux provisoires, les frais de personnel de l'Etat, etc... qui ne doivent pas entrer dans ladite indemnité, et addition faite de quelques travaux restant à exécuter.

Reconstitution du canal de l'Est (Branche Nord) dans le département de la Meuse

Par M. Ludinart,

Ingénieur en chef des Ponts et Chaussées.

Au moment de l'armistice, la situation du Canal de l'Est était la suivante :

La cuvette, endommagée entièrement sur une trentaine de kilomètres dans les trois sections interceptées par l'ancien front, l'avait été également en partie sur 90 kilomètres environ dans les autres tronçons, par suite des bombardements ennemis. En définitive, 120 kilomètres endommagés sur une longueur totale de 137 kilomètres.

54 ponts, tant sur le canal proprement dit que sur les écluses, étaient, soit entièrement détruits, soit fortement endommagés.

Il en était de même de 21 passerelles de traversée ou de halage, de 15 écluses, de 7 barrages et d'une trentaine de maisons éclusières.

Dans les parties exploitées pendant la guerre, tant par nos troupes (tronçons de Maizey à Champ et de Troussey à Lérouville), que par l'ennemi (partie en aval de Sivry), des travaux d'entretien avaient pu être effectués; mais, ailleurs, des terrassements importants, des explosions ou des bombardements avaient bouleversé les digues et détruit les ouvrages.

Le premier travail à accomplir consistait dans la remise en état partielle de la cuvette, de façon à permettre le passage des bateaux et dans le rétablissement, tout au moins provisoire, des ouvrages détruits soit au début de la guerre, lors du repli des armées françaises, soit lors de la retraite des armées allemandes en octobre-novembre 1918. Il importait, en effet, au plus haut point, d'assurer le plus tôt possible la navigation sur une voie qui, traversant le département du nord au sud sur les 3/4 de sa longueur, allait être utilisée au maximum pour la reconstitution des Régions Libérées.

Dès la libération du saillant de Saint-Mihiel, c'est-à-dire avant même la signature de l'armistice, des compagnies du Génie et des compagnies de pionniers avaient été chargées de la remise en état provisoire du canal, et de la construction des ponts provisoires aux lieu et place de ceux détruits au cours des hostilités. Mais, petit à petit, la démobilisation progressive des unités devait réduire considérablement le travail accompli par l'Armée, et c'est dès le début de 1919 qu'avait dû être créé le service de remise en état du secteur XXXIV.

Toute l'année 1919 fut donc consacrée aux dragages de la cuvette, à des réparations de digues, à la construction de ponts provisoires, à des réparations d'ouvrages, écluses, aqueducs, barrages, perrés, vannes, etc... Si l'on songe que pendant cette année, alors que les matériaux faisaient à peu près défaut en raison des délais invraisemblables de transports, il a été dépensé 1.500. fr. et que dès le 15 août 1919 la navigation avait pu être rétablie avec un mouillage de 1 m. 80, on se rendra compte de l'effort fourni. Cet effort était d'ailleurs d'autant plus considérable que la plupart de ces travaux devaient se faire en régie sans l'intermédiaire d'entrepreneurs, et qu'à la direction des travaux venaient s'ajouter les questions de logement, de nourriture des ouvriers, voire même de police.

Dès le mois de décembre 1919, date de la nomination de M. Martinot, Ingénieur des Ponts et Chaussées à Verdun, une nouvelle impulsion devait être donnée à la Reconstitution. — Il s'agissait, en effet, non seulement de continuer l'œuvre à peine commencée, mais encore de procéder au renflouement ou au déchirage et à l'enlèvement d'un grand nombre de bateaux coulés dans le chenal au cours des hostilités. Il eut été impossible, en effet, de la part des propriétaires de ces bateaux dépourvus de l'outillage spécial et désorganisés par la guerre, de procéder à ces travaux. On débarrassa ainsi la voie navigable de ceux qui gênaient le plus la circulation pour les amener petit à petit aux chantiers de réparations de bateaux, dont l'un avait été créé spécialement par le Service à Saint-Mihiel. Ces travaux de renflouement qui se sont élevés à près de 300.000 fr., ne devaient être entièrement terminés qu'au cours de l'année 1928.

Pendant les années 1920 et 1921, il fut dépensé près de

4 millions tant pour la reconstruction et la réparation des écluses, barrages et aqueducs que pour la création de maisons provisoires pour le personnel et l'aménagement de ponts ou de passerelles provisoires. En 1921, la reconstruction des ponts avait d'ailleurs été déjà entreprise par le service routier de l'Arrondissement du Nord. C'est à la fin de cette même année que furent terminés les dragages qui permirent le rétablissement normal de la circulation avec mouillage de 2 m. 20; 5 dragues à vapeur avaient été employées continuellement à cet effet.

A la fin de 1920, alors que commençait à peine la reconstruction des ouvrages d'art détruits, un événement tout à fait imprévu devait montrer tout ce qu'avait de précaire la stabilité des ouvrages ébranlés au cours de la Guerre. — Le 4 octobre 1920 un affouillement très important se produisait de part et d'autre de la pile droite du barrage de Belleville, entraînant en 20 minutes la vidange du bief de Verdun — Grâce à l'activité de M. Taton, conducteur des Ponts et Chaussées à cette époque et actuellement Ingénieur des Ponts et Chaussées, la partie centrale du barrage fut reprise et reconstruite, mais la navigation ne put être rétablie que le 25 novembre, soit après un chômage de plus d'un mois et demi.

En 1922, la remise en état de la cuvette et du halage pouvait être considérée comme à peu près terminée. Il fut procédé particulièrement au cours de cette année à la reconstruction de passerelles de halage (à Verdun et à Stenay), à la réfection de perrés (à Vilosnes, à Consenvoye, à Mouzay et à Sassey), au remplacement de portes d'écluse provisoires et à la réfection de maisons éclusières et d'écluses.

Ces travaux furent poursuivis méthodiquement au cours des années 1923 et 1924 pendant lesquelles furent achevés la réfection des perrés de Pouilly, le rétablissement et le rescindement de la rive droite de la Meuse aux abords de Saint-Mihiel, la reconstruction des passerelles de halage de Consenvoye, Warinvaux, Dun, Stenay, Inor, Pouilly, l'enlèvement du remblai construit par les Allemands à Saint-Mihiel, la reconstruction des siphons, la remise en état des fermettes de barrage, des maçonneries des écluses, des digues de halage et de contre-halage, de maisons éclusières, etc...

Ces travaux devaient subir toutefois à partir de 1925 un ralentissement assez important, en raison de la réduction des crédits pouvant être affectés à la réfection. — Les travaux ne présentant pas une urgence absolue furent ajournés, mais malgré cela, on put reconstruire avec la participation du service routier un certain nombre de ponts sur le canal, tels que ceux de Stenay, de Mouzay, de Sivry, Consenvoye, Vilosnes, etc... et remettre en état un certain nombre d'autres ouvrages.

A l'heure actuelle (fin de la campagne 1928), on peut estimer à 115 kilomètres (sur 137 kilomètres) la longueur de la voie navigable complètement remise en état.

31 ponts sur 54 endommagés ou détruits ont été reconstruits.

15 passerelles sur 21.

Les 29 écluses de Troussey à Pouilly.

Les 7 barrages.

Et 32 maisons éclusières sur 33.

Les dépenses engagées à la date du 1ᵉʳ janvier 1928 ont été les suivantes :

Année 1919	1.508.280 fr.
Année 1920	1.937.119 »
Année 1921	1.957.410 »
Année 1922	695.900 »
Année 1923	660.992 »
Année 1924	674.999 »
Année 1925	256.897 »
Année 1926	236.100 »
Année 1927	259.700 »
TOTAL général au 1ᵉʳ janvier 1928	8.187.397 »

L'œuvre de la Reconstitution est cependant encore loin d'être achevée entièrement. Il reste encore à reconstruire un certain nombre de ponts sur écluse, à réparer les talus intérieurs de certaines digues, à reconstituer le chemin de halage sur une soixantaine de kilomètres, à remplacer par des portes métalliques toutes les portes en bois des écluses, à reprendre les perrés situés en aval d'un grand nombre d'écluses à rétablir les plantations détruites entre Belleville et Mouzay, etc...

On peut estimer à 3 millions environ les dépenses à prévoir pour la remise en état complète de la voie navigable, remise en état qui serait actuellement à peu près terminée si nos services avaient été dotés depuis 1924 des mêmes crédits qu'auparavant.

Peut-on affirmer que moyennant les sacrifices ainsi consentis, on aura effacé toute trace des hostilités? Une certaine réserve est nécessaire à ce sujet. Un fait relativement récent l'a prouvé. L'accident survenu en 1926 à l'écluse régulatrice de Vilosnes où le mur bajoyer a cédé, lors d'un chômage, sous la pression de l'eau de la Meuse contiguë au canal, montre que certaines digues et certains ouvrages ébranlés et minés jusqu'en leurs fondations peuvent, malgré la surveillance exercée, trahir la confiance mise en eux. La reconstitution d'une voie navigable est une œuvre de longue haleine qui ne sera pas terminée avant de longues années.

Service des Eaux et Forêts

Par M. Rigoigne,
Conservateur des Eaux et Forêts.

Parmi les départements envahis, la Meuse est à la fois un de ceux qui ont été le théâtre des combats les plus terribles, un de ceux où le coefficient de boisement est le plus élevé (30 %), et celui où la zone rouge improductive est la plus étendue (près de 15.000 ha.).

Il n'est donc pas téméraire d'affirmer que c'est celui où l'œuvre de la Reconstitution Forestière présentait le plus d'importance au double point de vue moral et matériel.

Les forêts étaient essentiellement constituées par des taillis sous futaie où le chêne, le hêtre et le charme étaient les essences dominantes. Depuis un demi-siècle, les résineux (pins noirs et sylvestres) avaient pris une certaine place, dans les bois de faible étendue.

Le tableau ci-après donne les surfaces de bois et forêts détruites ou gravement endommagées par la guerre :

Nature des bois	Surface totale	Surface endommagée	Pourcentage
Bois domaniaux..	31.577 hect.	13 367 hect.	42 33 %
Bois communaux.	98 480 —	52 038 —	50 81 %
Bois particuliers	54.995 —	23.000 —	41.82 %

Dès l'année 1919, une triple tâche s'est imposée au service forestier :

Exécuter les travaux de reconstitution à la charge de l'Etat ;

Evaluer les dommages subis ;

Faciliter, par le moyen d'avances, l'exécution des travaux à imputer au compte des dommages de guerre des sinistrés.

Tableau des déblaiements exécutés de 1919 à 1926 inclus

ANNÉES	FORÊTS	Quantité en m²	Dépense
1919	Domaniales	»	»
	Communales	16.560	2.484 05
	Particulière	»	»
	Totaux	16.560	2.484 05
1920	Domaniales	914.349	181.326 04
	Communales	1.105.391	170.423 85
	Particulières	12.203	3.030 75
	Totaux	2.031.943	354.781 »
1921	Domaniales	711.845	117.249 22
	Communales	1.922.454	308.310 75
	Particulières	325.448	50.416 39
	Totaux	2.959.747	475.976 33
1922	Domaniales	1.057.205	153.342 30
	Communales	2.920.905	407.614 05
	Particulières	336.335	45.722 20
	Totaux	4.314.445	606.678 55
1923	Domaniales	255.190	38.999 00
	Communales	2.204.481	282.415 35
	Particulières	458.145	59.032 55
	Totaux	2.917.816	380.447 80
1924	Domaniales	»	»
	Communales	1.194.486	154.529 65
	Particulières	1.038.550	134.590 55
	Totaux	2.233.036	289.120 20
1925	Domaniales	»	»
	Communales	606.509	74.893 20
	Particulières	505.006	61.244 30
	Totaux	1.111.515	136.137 50
1926	Domaniales	»	»
	Communales	»	»
	Particulières	»	»
	Totaux	»	»

RÉCAPI-

		Quantité en m²	Dépense
Domaniales		2.938.589	490.918 63
Communales		9.970.786	1.400.670 28
Particulières		2.675.687	354.036 64
Totaux généraux		15.585.062	2.245.625 55

ns les forêts domaniales, communales et particulières.

Remise en état du sol		Divers	Dépense		
Quantité en m³	Dépense	Dépense	Crédits du Ministre de l'Agriculture	Crédits du Ministre des R. L.	Dépense totale
»	»	»	»	»	»
5.885 »	6.473 5c	»	8.957 55	»	8.957 55
»	»	»	»	»	»
5.885 »	6.473 5c	»	8.957 55	»	8.957 55
15.175 »	18.521 16	12.665 36	212.513 16	»	212.513 16
47.628 »	43.874 25	11.247 28	193.360 77	32.184 59	225.545 36
700 »	1.050 »	84 »	»	4.164 75	4.164 75
63.503 »	63.445 41	23.996 64	405.873 93	36.349 34	442.223 27
11.286 »	15.571 90	28.393 83	161.215 52	»	161.215 52
45.535 »	63.669 57	26.059 60	218.117 70	179.921 62	398.039 32
6.885 »	10.446 »	3.994 55	33.623 35	31.233 49	64.856 84
63.506 »	89.687 47	58.447 98	412.956 57	211.155 11	624.111 68
15.811 »	22.283 30	46.701 24	222.326 84	»	222.326 84
63.479 »	92.098 55	110.354 50	610.067 10	»	610.067 10
10.442 »	15.461 85	17.825 20	79.009 25	»	79.009 25
89.731 »	129.843 70	174.880 94	911.403 19	»	911.403 19
11.907 »	17.467 90	52.906 39	109.374 19	»	109.374 19
165.578 »	249.466 35	127.081 20	658.962 90	»	658.962 90
12.735 »	18.274 20	15.049 40	92.356 15	»	92.356 15
190.220 »	285.208 45	195.036 99	860.693 24	»	860.693 24
58.355 »	86.997 »	28.516 18	115.513 18	»	115.513 18
266.284 »	410.308 3c	51.705 10	616.543 05	»	616.543 05
8.841 »	13.012 60	15.873 »	163.476 15	»	163.476 15
333.480 »	510.317 90	96.094 28	895.532 38	»	895.532 38
12.176 »	18.324 »	9.960 »	28.284 »	»	28.284 »
197.576 »	290.514 55	28.050 40	393.458 15	»	393.458 15
»	»	6.352 60	67.596 90	»	67.596 90
209.752 »	308.838 55	44.363 »	489.339 05	»	489.339 05
»	»	»	»	»	»
52.000 »	72.800 »	13.964 »	86.764 »	»	86.764 »
»	»	»	»	»	»
52.000 »	72.800 »	13.964 »	86.764 »	»	86.764 »

...ULATION

Quantité en m³	Dépense	Dépense	Crédits du Ministre de l'Agriculture	Crédits du Ministre des R. L.	Dépense totale
124.710 »	179.165 26	179.143 »	849.226 89	»	849.226 89
843.965 »	1.229.205 07	354.462 08	2.699.467 22	212.106 21	2.998.337 43
39.403 »	58.244 65	59.178 75	436.061 80	35.398 24	471.460 04
.008.078 »	1.466.614 98	606.783 83	3.984.755 91	247.504 45	4.319.024 36

Cette dernière besogne fût assez restreinte en raison de l'activité des Commissions cantonales.

Elle fut néanmoins facilitée dès l'origine par la création, a Sommedieue et à Neuvilly, de deux pépinières spéciales de reconstitution qui permirent de délivrer des plants aux collectivités intéressées.

L'Evaluation des dommages de guerre, par contre, représentait un travail considérable si l'on songe qu'il existait dans la Meuse plus de 500 communes propriétaires de forêts, plus de 18.000 propriétaires de bois et que, même les forêts éloignées du théâtre des combats, n'ont pas été épargnées par les cantonnements ou les exploitations des troupes ennemies ou alliées.

Le service forestier eut à établir, pour le compte des collectivités propriétaires, les dossiers de dommages de guerre des forêts soumises au régime forestier et à vérifier, par l'application de l'article 22 de la loi du 17 avril 1919, tous les autres dossiers.

La plus grande partie de cette besogne était terminée dès l'année 1923.

Enfin, l'exécution des travaux à la charge de l'Etat revêtait une importance considérable. Celle-ci ressort du tableau ci-contre, lequel donne le relevé des travaux exécutés de 1919 à 1926.

Les opérations ont été exécutées dans l'ordre d'urgence que nécessitait la marque des coupes et la récupération des bois mutilés.

A partir de 1927, la liquidation des règlements de dommages au sol dans les bois particuliers, s'est effectuée surtout par la voie de la circulaire 375 R. L.

Le nombre des dossiers ouverts a été de 584. Tous sont actuellement liquidés.

Nous avons au début de ce compte rendu indiqué quel était le programme que le service forestier pouvait établir dès 1919.

L'exécution de ce programme est actuellement terminé.

Entre temps s'est poursuivi le classement en catégories prévu dans la zone rouge, par application de la loi du 24 avril 1923.

La zone rouge de deuxième catégorie s'étend sur 44 territoires communaux.

Les remises intervenues portent sur 13.568 ha. La mise en valeur par le boisement de cette vaste étendue, incombe maintenant à l'Administration des Eaux et Forêts.

La reconnaissance globale du terrain, la confection des plans forestiers sont choses faites, les bases de l'aménagement, le programme du travail sont dès à présent arrêtés.

Dès l'automne 1927, on est entré dans la voie des réalisations qui vont en s'accélérant et auront acquis dans une année environ leur rythme probable, celui de 1.000 ha par an.

Le tableau ci-après indique quel est le travail à accomplir et celui qui a déjà été fait :

NATURE DES TRAVAUX	A Exécuter	Exécutés	Observations
Repeuplements et regarnis.. .	13 746 hect	200 hect	
Bornage.	210 kilm	118 k. 700	
Chemins, laies et layous. . . .	460 kilm	51 kilm .	

Les premières opérations font ressortir pour le bornage un prix de revient moyen de 302 francs par kilomètre et 4.60 par ha et pour le boisement un prix de revient de 400 à 600 francs par ha.

Il est permis d'espérer que la mise en valeur de la zone rouge fera dans l'avenir dépasser de loin au département de la Meuse, la place qu'il occupait en France dans la production du bois d'œuvre.

Si l'on considère que les hautes futaies résineuses atteignent, au moment de leur maturité une valeur d'une cinquantaine de mille francs par hectare, on voit quelle source de richesse sera pour les communes avoisinantes l'exploitation, le transport, le façonnage des produits.

Qu'il nous soit permis en terminant de rendre aux sinistrés de la Meuse, l'hommage qui leur est dû.

C'est, en définitive, leur attachement à leur pays, leur opiniâtreté intelligente, leur bon sens et leur esprit de conciliation qui ont permis d'atteindre tous les résultats obtenus, par la coordination des efforts.

Ces efforts n'auront pas été vains et, au point de vue forestier, la nature en développera largement les fruits, avec l'aide du temps.

Reconstitution des mines

Par M. Crussard,
Ingénieur en Chef des Mines.

Mine de JOUDREVILLE

En 1914, les installations effectuées pour la mise en valeur de la concession de Joudreville, comportaient un siège d'exploitation situé sur le territoire de la commune de Bouligny (Meuse). Ce siège était raccordé, par un embranchement à voie normale, à la gare de Bouligny. Il comprenait 2 puits :

Le puits n° 1. — Servant à l'extraction du minerai, armé d'une machine d'extraction à vapeur de 800 CV, d'un chevalement métallique de 50 m., d'un accumulateur à minerai de 6.000 tonnes, de 6 chaudières de 200 m² de surface de chauffe et d'une station centrale de production de force motrice, électricité et air comprimé.

Le puits n° 2. — Servant à l'aérage, équipé d'un treuil électrique de 120 CV pour la circulation du personnel et la descente des matériaux.

Le siège d'exploitation possédait des ateliers de réparations et des magasins importants, des dépôts d'explosifs, des bureaux une infirmerie, etc... En outre, des cités ouvrières avaient été édifiées à proximité pour loger le personnel ouvrier et employé. Ces cités se composaient de 55 maisons, formant un total de 279 logements avec jardins, routes, distribution d'eau potable et éclairage électrique.

L'exploitation de la Mine avait débuté en 1909 et le chiffre d'extraction de minerai s'était élevé en 1913 à 883.834 tonnes.

Lorsqu'il devint possible, à l'armistice de réoccuper la Mine qui avait dû être abandonnée devant l'invasion, les Allemands venaient à peine de cesser l'exploitation qu'ils avaient entreprise, depuis la fin de l'année 1916, pour alimenter leurs usines métallurgiques. Les installations dans leur ensemble, restaient debout, et il ne semblait pas, au premier abord, que leur remise en marche dût présenter de grandes difficultés.

Il en fut tout autrement lorsqu'on put se rendre compte par le détail des déprédations commises. Une partie du matériel et de l'outillage avait disparu et ce qui restait avait souffert d'un entretien défectueux au point d'être parfois inutilisable.

C'est ainsi que des deux locomotives de 35 tonnes, à voie normale, destinées à assurer le service d'expéditions, une seule restait, avec son faisceau tubulaire avarié. Deux autres locomotives à voie étroite de 7 à 8 tonnes avaient disparu.

Les chaudières avaient leurs surchauffeurs brûlés et leur rechauffeur d'eau inutilisable. A la station centrale, un seul des 2 groupes électrogènes était en état de marche et les compresseurs d'air demandaient une révision complète.

La machine d'extraction du puits n° 1, ayant souffert d'un graissage défectueux, présentait un fonctionnement peu sûr. Les rails du guidage de la colonne du puits, usés par manque de graissage étaient à changer. Le puisard se trouvait aux 3/4 remblayé.

Au puits n° 2, la batterie de chauffage était détruite et, de ce fait, la circulation du personnel devenait très dangereuse par suite de la formation de glaçons, dans la colonne du puits, en période d'hiver.

Une grande partie de l'outillage mobile : moteurs et transformateurs électriques, pompes, ventilateurs, etc... avaient disparu. Les ateliers étaient privés de plusieurs machines-outils essentielles, les magasins, vidés de leurs approvisionnements, les dépôts d'explosifs, encombrés de munitions et de divers engins de guerre.

A l'intérieur de la mine on constata que les Allemands avaient conduit leurs travaux d'exploitation sans aucun souci de la sécurité et des règles les plus élémentaires de conservation du gisement et que, de ce fait, en plus de 800.000 tonnes de minerai qu'ils avaient exploitées et enlevées, on devait considérer comme perdu pour l'exploitation future, un tonnage équivalent.

Le matériel de perforation pneumatique avait disparu en grande partie; les tuyauteries d'air comprimé présentaient d'importantes fuites.

Les voies, qui n'avaient pas été entretenues étaient à réfectionner en entier. Un certain nombre de berlines servant au roulage, avaient disparu; les autres, insuffisamment graissées, avaient leurs roulements abîmés.

Le matériel de traction électrique avait aussi particulièrement souffert du manque d'entretien.

L'un des deux convertisseurs, auquel manquaient des pièces essentielles, était hors de service. Quinze km. de ligne de traction en fil de cuivre avaient été enlevées et remplacées par des lignes en fer inutilisables.

Parmi les 3 pompes destinées à assurer l'exhaure de la mine, l'une avait disparu et des deux qui restaient, une seule était en état de marche, d'ailleurs précaire.

Enfin, *dans les cités ouvrières*, trois groupes de maisons formant un total de 24 logements, avaient été rasés. Tous les autres logements d'employés et d'ouvriers, à l'exception d'un petit nombre restés occupés pendant la guerre par du personnel français, étaient retrouvés dans un état de dégradation qui les rendaient inhabitables; 1/3 de ces logements avaient été, du reste, transformés en écuries pour les chevaux des troupes allemandes. Les installations d'éclairage et de distribution d'eau avaient eu à souffrir particulièrement de l'enlèvement des métaux spéciaux, tels que : cuivre, plomb, zinc, etc... Les clôtures de jardins étaient enlevées et détruites, les routes défoncées, les égouts, généralement obstrués.

Dans les premiers mois qui suivirent l'armistice, l'œuvre de reconstitution se heurta aux plus grandes difficultés du fait de la situation générale des régions libérées. Les transports par chemin de fer faisaient défaut, la poste et le téléphone ne fonctionnaient pas, le ravitaillement de la population était à peine assuré par camions militaires. En outre, les constructeurs et fournisseurs habituels de la mine, également sinistrés, ne pouvaient être d'aucun secours. On dut donc se borner à effectuer quelques réparations provisoires dans les cités pour mettre en état d'habitabilité les logements les moins éprouvés, tout en empêchant de nouveaux dégâts et à assurer, tant bien que mal, l'exhaure de la mine pour éviter son envahissement par les eaux.

Ce n'est que vers le milieu de l'année 1919 que les travaux de reconstitution purent être entrepris d'une façon vraiment efficace. Ils furent poussés activement et permirent la reprise de l'extraction du minerai à allure réduite, vers la fin de la même année.

Pendant les années suivantes, l'œuvre de reconstitution fut continuée en même temps que l'extraction se développait. Celle-ci atteignait environ le 1/3 de la production d'avant-guerre à la fin de l'année 1921 et, à la même époque, la remise en état des installations industrielles et des cités ouvrières pouvaient être considérée comme achevée dans ses grandes lignes.

Par la suite, l'extraction du minerai ne put se développer aussi rapidement qu'avant-guerre, tant en raison des grandes difficultés rencontrées pour le recrutement du personnel ouvrier que du manque des débouchés résultant de la destruction des usines métallurgiques. Néanmoins, au cours de l'année 1926, la production s'élevait au niveau de celle de 1913.

A l'heure actuelle, la production de minerai dépasse de 25 % celle de 1913. Les installations de la mine, complètement rétablies ont été complétées par le doublement de l'accumulateur à minerai, l'installation d'un poste de transformation de 1.200 K. V. A., l'aménagement d'un bâtiment de bains-douches pour le personnel. Au fond, le matériel de l'outillage perforation, d'exhaure, de traction électrique et de roulage ont été sensiblement renforcés. On envisage, en outre, à bref délai, l'armement du puits n° 2 pour l'extraction en vue de développer encore la production.

Dans les cités ouvrières, en dehors de la reconstitution des logements d'avant-guerre, il a été construit depuis 1923, 31 maisons à 4 logements, donnant un total de 124 logements nouveaux. Des améliorations importantes ont été, en outre apportées aux anciens logements ainsi qu'aux jardins et à leurs clôtures, aux routes et à la distribution d'eau potable.

MINE D'AMERMONT-DOMMARY.

A l'armistice le siège de la mine d'Amermont-Dommary était noyé depuis le mois d'août 1914, la mine d'Amermont s'étant trouvée, dès les premiers jours des hostilités, dans la zone des armées.

Les installations du jour avaient été partiellement démolies par les Allemands, d'autres bâtiments industriels avaient été vidés de leurs machines, emmenées en Allemagne ; seuls les chevalements des deux puits, les bâtiments des machines d'extraction restaient à peu près en état.

Les cités ouvrières qui avaient servi de cantonnements pendant toute la durée des hostilités aux troupes ennemies étaient particulièrement délabrées ; une partie même en construction en 1914 avait été démolie par les occupants, les matériaux de démolition leur ayant servi à l'empierrement de nouvelles routes créées pour des besoins militaires. Des cités avaient été transformées en écuries.

Le dénoyage et déblaiement de la mine, entrepris dans le début de 1919, furent très pénibles, par suite de l'emploi de moyens de fortune. En 1920, le matériel et les ouvriers spécialistes se faisaient attendre, d'où des retards assez grands, dans toutes les installations. Il a fallu prendre pour commencer l'eau de pluie, puis pomper dans les puits pour l'alimentation des chaudières. Le dénoyage proprement dit commencé le 27 mai 1920, s'est fait dans le puits n° 1 à l'aide de deux pompes Sulzer de 5 mètres cubes chacune. L'assèchement des puits s'est terminé le 11 novembre 1920 et le dénoyage proprement dit le 15 février 1921, date à laquelle les pompes fixes ont pu être mises en route à la salle des pompes.

Après le dénoyage, des éboulements considérables du toit de la couche ont été constatés aux endroits des failles dans la galerie principale sud, à 250 mètres du puits et la galerie d'aérage Est, n° 1, même distance dans la galerie principale et parallèle ; à 900 mètres des puits dans la galerie B.

Dans cette dernière galerie, l'épuisement devenait très dangereux par suite de l'existence, derrière l'éboulement, d'une charge de plusieurs mètres d'eau. Ce travail a été conduit prudemment et l'enlèvement méthodique des marnes a donné un écoulement ralenti des eaux accumulées.

Toutes les machines restées au fond, furent trouvées inutilisables. La remise en état des bâtiments industriels et cités ouvrières fut terminée en 1923, après réoccupation progressive par le personnel en même temps que la remise en état des travaux du fond était poursuivie.

A partir de 1923, les installations d'avant-guerre furent complétées par de nouvelles installations tant au jour qu'au fond, tandis qu'on réalisait un nouveau programme de constructions de cités ouvrières. L'extraction d'avant-guerre fut retrouvée à fin 1925 et continua à se développer pour atteindre en 1928, 140 % de l'extraction d'avant-guerre.

Reconstitution des P.T.T.

par M. Auclair

Directeur régional des Postes et Télégraphes

La restauration des services des P.T.T. dans les localités du département de la Meuse, comprises dans la zone du front ou évacuées par l'ennemi à la fin des hostilités, présente deux stades bien distincts : le premier correspond à la réinstallation des bureaux par des moyens de fortune ; le second à leur reconstitution définitive.

A un autre point de vue, deux phases différentes sont à considérer, suivant qu'il s'agit des pays occupés par les Allemands en septembre et octobre 1914 et situés suffisamment loin du champ de bataille, après redressement de notre ligne de combat et fixation des armées adverses, pour que la vie y renaisse immédiatement ; ou bien, des localités qui ne nous furent rendues qu'en septembre 1918 ou à l'armistice.

Pour mieux apprécier l'étendue de la tâche à accomplir, il est bon de rappeler où en était le développement de nos services avant les hostilités, d'exposer la situation dans laquelle ils se trouvaient en novembre 1918 et ce qui a été fait depuis cette date, pour réparer les dommages éprouvés par nos bureaux durant la guerre.

*
* *

Au 1er août 1914, il existait, dans le département de la Meuse :

121 établissements ouverts aux services postal, télégraphique et téléphonique ;

183 cabines municipales participant seulement aux services électriques et

1092 abonnés au téléphone.

D'autre part, la construction d'importantes liaisons téléphoniques interdépartementales et intercantonales était commencée et, enfin, le rattachement au réseau général de 36 nouvelles communes devait être réalisé pour la fin de l'année.

L'état de guerre interrompit tous les travaux en cours. De

plus, à la mobilisation générale, tout le réseau téléphonique fut mis à la disposition de l'autorité militaire qui y apporta, par la suite, de profondes et importantes modifications.

A la veille de la bataille de la Marne, 74 bureaux ouverts à tous les services — sur 121 existants — étaient occupés par l'ennemi. La victoire remportée par nos troupes en libéra 24; mais le recul de nos positions, après l'attaque allemande sur le front de Verdun, en février 1916, entraîna l'évacuation de 10 nouveaux bureaux.

A l'armistice, 61 établissements postaux étaient toujours fermés. Le service télégraphique ne fonctionnait que dans 45 localités meusiennes et, seules, quelques usines travaillant pour l'Armée — 5 ou 6 au plus — étaient admises, sur une autorisation spéciale et limitative du G. Q. G. à correspondre avec le réseau téléphonique général.

Les bâtiments postaux, particulièrement visés par l'ennemi, furent tous très éprouvés pendant les hostilités.

Ceux qui n'avaient pas été entièrement détruits nous furent rendus à peu près inhabitables, de sorte que, dans la majorité des cas, les services durent, tout d'abord, fonctionner dans des abris provisoires ou bien dans des locaux non appropriés à leurs besoins, mais dont ils durent néanmoins se contenter pendant plusieurs années.

Rétablissement des services postaux.

Dès que l'avance de nos troupes se produisit, et sans attendre que la voie ferrée fût rétablie à travers la zone dévastée, mon Administration s'efforça de relier entre elles, par des services automobiles, par des courriers à bicyclette ou à pied, les localités où subsistait un reste de vie et où nous pouvions nous assurer les moyens de nous réinstaller.

C'est ainsi que le 15 septembre 1918, trois jours après la réoccupation de Saint-Mihiel, la distribution postale était assurée dans cette ville à peu près déserte encore.

Mais la difficulté des communications, avec des routes boueuses, encombrées par les convois, défoncées par les obus, impraticables sur certains points, s'ajoutait à la pénurie de ressources en matériel de transport.

Néanmoins, et grâce à l'aide précieuse que les services des

R. L. prêtèrent en maintes circonstances à mon Administration, au 30 novembre 1918, la distribution postale était rétablie dans toutes les communes qui n'avaient pas été évacuées par la population et toutes ces localités étaient, de nouveau, pourvues d'une boîte-aux-lettres levée, au moins une fois par jour, par le facteur.

Fin 1918, 11 bureaux de poste qui avaient pu être rouverts dans des locaux provisoires étaient en pleine activité.

Au 30 juin suivant, seule 31 établissements, échelonnés le long de la zone rouge, restaient fermés. Leur réouverture se trouvait surbordonnée à l'aménagement des locaux nécessaires et aussi à la reprise de la vie dans cette région exceptionnellement éprouvée, où les habitants se heurtaient à toutes sortes de difficultés pour relever leurs foyers détruits.

En attendant qu'il fût possible de rendre leur activité à ces bureaux, leur circonscription fut rattachée à celle des établissements voisins, de façon à permettre aux rares habitants revenus, de bénéficier du maximum de facilités compatibles avec la situation.

. Pour parer aux inconvénients des horaires des Cies de chemins de fer d'intérêt local, trop souvent en opposition avec les besoins de la poste aux lettres, et en attendant que fussent rétablis les services d'autobus départementaux qui fonctionnaient avant-guerre, mon Administration dut étendre considérablement les services automobiles de transports organisés par elle à l'Armistice.

L'itinéraire fixé à ces véhicules, bien que remanié fréquemment de façon à l'adapter aux besoins de la renaissance économique, n'en permit pas moins de rétablir très vite, dans de nombreuses localités, telles Saint-Mihiel, Sampigny, etc... la seconde distribution qui y avait été concédée avant la guerre.

A la date du 15 juillet 1920, il restait à rouvrir 6 établissements postaux. Au 15 juin suivant, 2 seulement demeuraient fermés; celui d'Esnes, localité totalement détruite, et celui de Malancourt, commune où un brin de vie se manifestait à peine à travers les ruines.

A cette même date, une double distribution quotidienne de correspondances avait pu être accordée à 31 nouvelles communes, grâce à un remaniement de l'organisation dictée par le souci constant de l'Administration des Postes de faire bénéficier les populations, si durement éprouvées, de toutes les modifications heureuses apportées dans les moyens de transport mis à sa portée.

Du côté postal, l'œuvre de reconstitution qui s'était imposée à notre effort était donc à peu près achevée dès juin 1921. Les changements — peu importants et surtout d'ordre local — qui sont survenus depuis, n'ont eu d'autre but qu'une amélioration des conditions d'acheminement des correspondances rendue possible par la réorganisation et l'extension des moyens de transports ferroviaires.

*
* *

Reconstitution du réseau téléphonique.

Bien que d'innombrables lignes téléphoniques existassent dans la Meuse à l'Armistice, il ne subsistait plus, en fait, de réseau départemental, ses éléments constituants d'avant-guerre ayant été détournés de leur affectation première et remaniés par l'Armée, de façon à doter le Q. G. de la 2e Armée — à Souilly d'abord, à Laheycourt ensuite — des nombreuses liaisons qui lui étaient nécessaires tant avec le Groupe d'Armées et le G. Q. G. qu'avec les différents Corps et formations en position de combat de Saint-Mihiel à l'Argonne.

Les premières communications — provisoires — établies entre les Régions libérées et le reste du territoire, furent celles que les Armées alliées s'assuraient, tout en gardant le contact avec l'ennemi en retraite.

Vinrent ensuite les liaisons réalisées par mon Administration, pour ses besoins propres et ceux de l'autorité civile, avec des moyens de fortune : lignes provisoires tendues par-dessus l'ancienne zone de combat et unissant des circuits abandonnés par les armées alliées à certains éléments du réseau militaire allemand judicieusement choisis, lignes sur sapinettes, etc...

Les travaux de reconstitution définitive ne purent être entrepris immédiatement après car, avant d'établir des lignes neuves il importait, tout d'abord, de procéder à une révision très complète de celles qui avaient été abandonnées par les services télégraphiques des armées adverses, à les « nettoyer » en les débarrassant des conducteurs qui ne pouvaient nous être d'aucune utilité, à les redresser, à les aligner parallèlement aux réseaux ferrés et routiers de façon à ne pas entraver la restauration des propriétés foncières, qu'ils sillonnaient en tous sens et, enfin, à les consolider.

Ces opérations préliminaires permirent de récupérer plus de 500 km. de lignes représentant environ 7.500 km. de fil et d'incorporer au réseau meusien 300 km. de lignes ayant un développement total de 1.000 km. de fil environ.

La remise en état du réseau téléphonique général, que les services de mon Administration entreprirent ensuite, exigea la pose de 1.270 km. de ligne neuve, représentant 19.378 km. de fil. Ne sont pas comprises dans ces chiffres, les lignes des abonnés d'avant-guerre rétablies, dont le développement total est de 826 km. de fil.

Le service technique meusien se mit d'arrache-pied à la besogne et sut magnifiquement mener sa tâche à bonne fin, malgré les difficultés de tous ordres avec lesquelles il devait nécessairement compter. Au 1ᵉʳ juillet 1919, il avait déjà accompli un effort tel que 104 bureaux téléphoniques étaient rétablis et 500 postes d'abonnement remis en service.

Parallèlement, des interventions pressantes étaient faites par mon Administration Centrale auprès du département de la Guerre pour obtenir, en matière de téléphonie, la restitution à l'Administration civile, par l'Armée, de la liberté complète dont les régions atteintes par les événements de guerre avaient besoin pour réorganiser leur vie économique et se relever de leur ruine.

Du 30 juin 1919 au 30 juin suivant, 71 nouvelles cabines furent rétablies et, à cette dernière date, non seulement la grande majorité des contrats d'abonnement d'avant-guerre était remise en activité, mais on comptait 200 abonnés de plus qu'en août 1914, cependant que 12 localités jusque-là non dotées du téléphone étaient pourvues d'une cabine municipale.

La même activité se poursuivit au cours du second semestre 1920. Plusieurs réseaux locaux importants furent complètement réfectionnés; de grandes artères (Bar-Saint-Mihiel, Saint-Mihiel-Verdun, Bar-Nancy, etc...) furent entièrement révisées et 31 bureaux municipaux rouverts.

Au 1er juillet suivant, 245 établissements étaient ouverts au service téléphonique et, à la faveur de la reconstitution, il avait été permis de doter le réseau meusien d'un certain nombre de liaisons directes (telles que Verdun-Châlons, etc...) qui devaient faciliter grandement l'écoulement d'un trafic de plus en plus intense.

Le 30 juin 1922, il restait à rouvrir 14 cabines téléphoniques d'avant-guerre, disséminées dans la région la plus éprouvée du département (Cumières, Vaux-devant-Damloup, etc...). La plupart d'entre elles furent rétablies au cours du second semestre 1922 ou en 1923.

Seule des cabines municipales d'avant-guerre, celle de Vaux-devant-Damloup reste fermée, le maire n'ayant pu, jusqu'à présent, trouver de gérant. Il y a toutefois lieu de penser que cette situation prendra fin d'ici peu.

Nous croyons pouvoir donner, sans sortir du sujet, les chiffres ci-après qui marqueront, en quelque sorte, les étapes successives parcourues par les pays meusiens vers leur renaissance économique.

STATISTIQUE DES POSTES TÉLÉPHONIQUES EXISTANTS :

Date des statistiques	Nombre de communes possédant le service téléphonique			Nombre des abonnés
	Pourvues d'une simple cabine	Pourvues d'un réseau d'abonnés	Totaux	
1er Août 1914.....	219	85	304	1.092
31 Décembre 1921	127	132	259	1.295
— 1922.	141	145	286	1.461
— 1923.	155	161	316	1.613
— 1924	170	191	361	1.856
— 1925.	197	193	390	1.934 (1)
— 1926.	209	199	408	1.871 (1)
— 1927.	213	214	427	1.835
1er Novembre 1928.	236	226	462	1.978

(1) La majorité des abonnements souscrits par les entreprises de reconstruction arrivent à expiration et ne sont pas renouvelés. Contrairement aux apparences, le nombre des abonnements nouveaux est en progression constante.

Les travaux de restauration du réseau téléphonique meusien sont à peu près complètement terminés. Il ne reste à reviser définitivement que quelques îlots disséminés dans la zone rouge (Apremont-la-Forêt, Lacroix-sur-Meuse, région de Verdun, etc...) où nous devons attendre que la reconstitution immobilière soit achevée.

Quelques travaux de redressement et de consolidation qui restaient également à accomplir sur des lignes secondaires sont en cours d'exécution. Ils seront vraisemblablement conduits à bonne fin cette année.

On peut donc conclure que l'œuvre de reconstitution du réseau téléphonique meusien est virtuellement terminée.

Rétablissement du service télégraphique.

Le service télégraphique qui fonctionnait dans 45 bureaux seulement à la veille de l'armistice, fut repris dans les régions libérées au fur et à mesure du rétablissement des postes téléphoniques publics, le trafic télégraphique étant, dans la majorité des cas, écoulé par les mêmes conducteurs que le trafic téléphonique.

C'est ainsi qu'au 30 juin 1919, il fonctionnait à nouveau dans 157 bureaux et que, par la suite, il fut assuré, en même temps que le service téléphonique, par les gérants des établissements rouverts ou bien ouverts à ce dernier.

Remise en état des locaux occupés par les services de l'administration.

La question de l'habitacle fut, sans conteste, celle qui présenta les plus grandes difficultés à vaincre.

On s'était, de prime abord, attaché à réinstaller très rapidement les divers services. Pour atteindre ce but, on avait dû se montrer le moins exigeant possible au regard des locaux.

Aussi, la plupart des établissements postaux des régions libérées fonctionnèrent-ils au début dans des immeubles sommairement réparés ou dans des baraquements incommodes et peu sûrs qu'ils n'abandonnèrent, par la suite, que dès qu'il fut possible de les loger d'une façon définitive dans des locaux mieux appropriés à leurs besoins ou édifiés en vue de les recevoir.

L'évacuation des baraquements qui abritaient — plutôt mal comme on le voit — les services de l'Administration et son personnel fut mise au premier rang des préoccupations des directeurs départementaux qui se succédèrent à Bar-le-Duc. Grâce à leurs efforts incessants, 8 bureaux purent, avant le 31 décembre 1922, être transférés dans des locaux neufs ou remis en état. 12 autres le furent au cours de l'année 1923. C'est également de cette époque que datent les projets de construction des Hôtels des Postes de Verdun et d'Etain.

Le 30 juin 1924, fonctionnaient encore dans des baraquements 15 bureaux seulement. Ce chiffre avait pu être ramené à 7 au 1er juillet 1925.

A cette dernière date, des immeubles en cours de construction étaient destinés à recevoir prochainement 3 autres bureaux, tandis que des accords étaient conclus en vue de transférer 21 établissements postaux des locaux où ils avaient été installés provisoirement dans des bâtiments construits ou aménagés spécialement à leur usage. Le bureau de Verdun, de son côté, quittait son baraquement provisoire devenu par trop insuffisant et peu sûr pour prendre possession de la partie des casernes Jeanne d'Arc dont mon Administration avait obtenu la concession et où les services fonctionnent encore actuellement, cependant que l'étude préliminaire à l'érection de l'Hôtel était activement poussée par les services parisiens compétents.

Seuls les bureaux d'Etain, d'Eix et de Malancourt étaient encore installés dans des baraquements au 30 juin 1926. Mais la construction de l'Hôtel des Postes d'Etain était en cours et des arrangements étaient pris par les municipalités intéressées pour que les travaux d'édification des bureaux d'Eix et de Malancourt soient entrepris dans le plus bref délai. En fait, moins d'un an après, ces trois établissements avaient abandonné les constructions provisoires qui les avaient recueillis au lendemain des hostilités pour occuper les immeubles définitifs qui leur étaient destinés.

D'autre part, au cours de la période comprise entre juillet

1925 et juin 1926, 15 bureaux logés dans des immeubles hâtivement réparés avaient été transférés dans des locaux appropriés.

A l'heure actuelle, tous les bureaux touchés par les événements de guerre, à l'exception de ceux de Verdun et de Montmédy, ont pu être définitivement réinstallés. Les services de Verdun disposeront, vraisemblablement dans le courant du 1er semestre 1929, de l'Hôtel des Postes en voie d'achèvement. A ceux de Montmédy, qui fonctionnent dans un immeuble particulièrement éprouvé, la municipalité a réservé l'ancienne caserne de gendarmerie. Les démarches les plus pressantes ont été faites auprès du Maire de cette ville pour que les travaux d'aménagement nécessaires soient poussés activement et que les nouveaux locaux soient livrés à nos services dans le plus court délai possible.

*
* *

Sans négliger aucune partie de la lourde tâche qui lui est échue, le service départemental de la Meuse s'est évertué à accomplir sa mission dans le minimum de temps — bien que les moyens d'action mis à sa disposition aient été, parfois, des plus limités — tout en s'efforçant à mettre à profit les circonstances heureuses qui se présentaient à lui et sans que les usagers aient eu à souffrir des difficultés multiples de tous ordres qu'il rencontrait et qu'il devait vaincre.

Il s'est donné comme règle de choisir les jours et heures des transferts de locaux de façon à n'apporter aucun retard dans l'acheminement ou la remise des correspondances postales, et si peu de gêne dans l'exécution des services électriques que les abonnés au téléphone n'ont subi aucune interruption au moment de leur renvoi sur les nouveaux tableaux commutateurs. Il a su, enfin, utiliser son personnel de telle sorte que les travaux ont marché de pair sur les différents points du département, ce qui a permis de donner satisfaction, dans un délai réduit, à toutes les demandes, qu'elles émanassent d'un centre important ou du village le plus modeste.

————

LIQUIDATION DE LA RECONSTITUTION

Liquidation de la Reconstitution

Zone rouge.

Il reste à remettre aux Domaines 684 hectares; aux Eaux et Forêts 1.200 hectares ; aux Beaux Arts 39 hectares, plus une partie de la butte de Montfaucon.

Sauf en ce qui concerne Montfaucon où la remise est différée par le choix non encore fixé du futur monument américain, nous sommes arrêtés par des pourvois formés devant la Commission supérieure. Ce retard intéresse d'ailleurs partiellement les communes suivantes : Béthincourt, Malancourt, Boureuilles, Les Eparges, Belleville, Azannes, Cheppy, Dieppe, La Chalade, Vauquois.

En ce qui concerne les îlots de zone rouge, les indemnités sont définitivement réglées pour 672 propriétaires sur 900. Du reste, tout ce qui ne sera pas litigieux sera liquidé avant la fin de l'année 1928.

Rétablissement des limites de propriétés.

Le rétablissement des limites de propriétés et les remembrements, incombent actuellement au génie rural.

Constructions provisoires.

Il n'existe plus que 200 constructions provisoires dans le département. Les ventes continuent et dans quelques mois la liquidation sera complète.

Marchés de remise en état du sol.

Il reste encore à régler 62 marchés sur 315. Ce sont évidemment ceux qui ont soulevé des difficultés. Des propositions de règlement définitif sont actuellement en cours. Un agent s'y emploie et aura terminé vraisemblablement ce travail à la fin de l'année.

Récupération.

Deux marchés de récupération, l'un pour la rive droite, l'autre pour la rive gauche de la Meuse ont été passés avec la maison MEIGNIE-MEYER, de Paris. Ils arriveront à expiration le 31 décembre 1929. La récupération des épaves de guerre ne sera certainement pas terminée à cette époque, mais ultérieurement elle ne sera plus intéressante que dans les parties de zone rouge dévolues à l'administration des Eaux et Forêts. Peut-être sera-t-il possible alors d'abandonner à cette dernière la surveillance de la Récupération ?

Coopératives de reconstruction.

Sur 246 coopératives approuvées, 39 sont totalement liquidées. A la fin de 1929, une cinquantaine peut-être seront en fonctionnement et encore seront-elles bien près de leur liquidation.

Reconstruction.

Il est bien difficile de chiffrer les constructions qu'il reste à entreprendre, car les intentions des sinistrés sont inconnues. Ce qui est certain, c'est que les projets déposés sont de moins en moins nombreux et qu'il reste encore 231 millions de dommages immobiliers à payer. En raison de la situation particulière des immeubles à Verdun et à Saint-Mihiel, de nombreux sinistrés hésitent à reconstruire pour leur compte et, par ailleurs, les tribunaux se montrent très stricts pour homologuer les cessions des dommages de guerre. Il est donc possible que certains dommages immobiliers ne soient jamais remployés.

Liquidation des Indemnités.

Le montant total des dommages de guerre s'élève pour le département à 3.919 millions :

savoir : 2.929 millions pour les dommages immobiliers
990 millions pour les dommages mobiliers.

Il avait été payé au 30 novembre 1928, 3,285 millions. Il reste donc à rembourser 634 millions, mais il faut défalquer 102 millions, représentant le montant des titres dits « de non remploi », réglés par le Crédit National.

Il n'est pas douteux que la cadence des paiements se ralentira de plus en plus et qu'il sera peut-être difficile en 1929 d'atteindre un chiffre de 100 millions contre 157 en 1928.

Quoi qu'il en soit, à partir de 1929, les paiements s'exécuteront au fur et à mesure du dépôt des justifications, compte tenu des délais de contrôle. L'année 1929 sera surtout employée à la liquidation des sociétés coopératives de reconstruction; il sera possible ultérieurement, avec un personnel des plus réduits, avec les 28 bénéficiaires de l'article 18 de la loi du 26 avril 1924 (mutilés, veuves de guerre) d'assurer la liquidation des dommages de guerre et de poursuivre l'apurement des comptes.

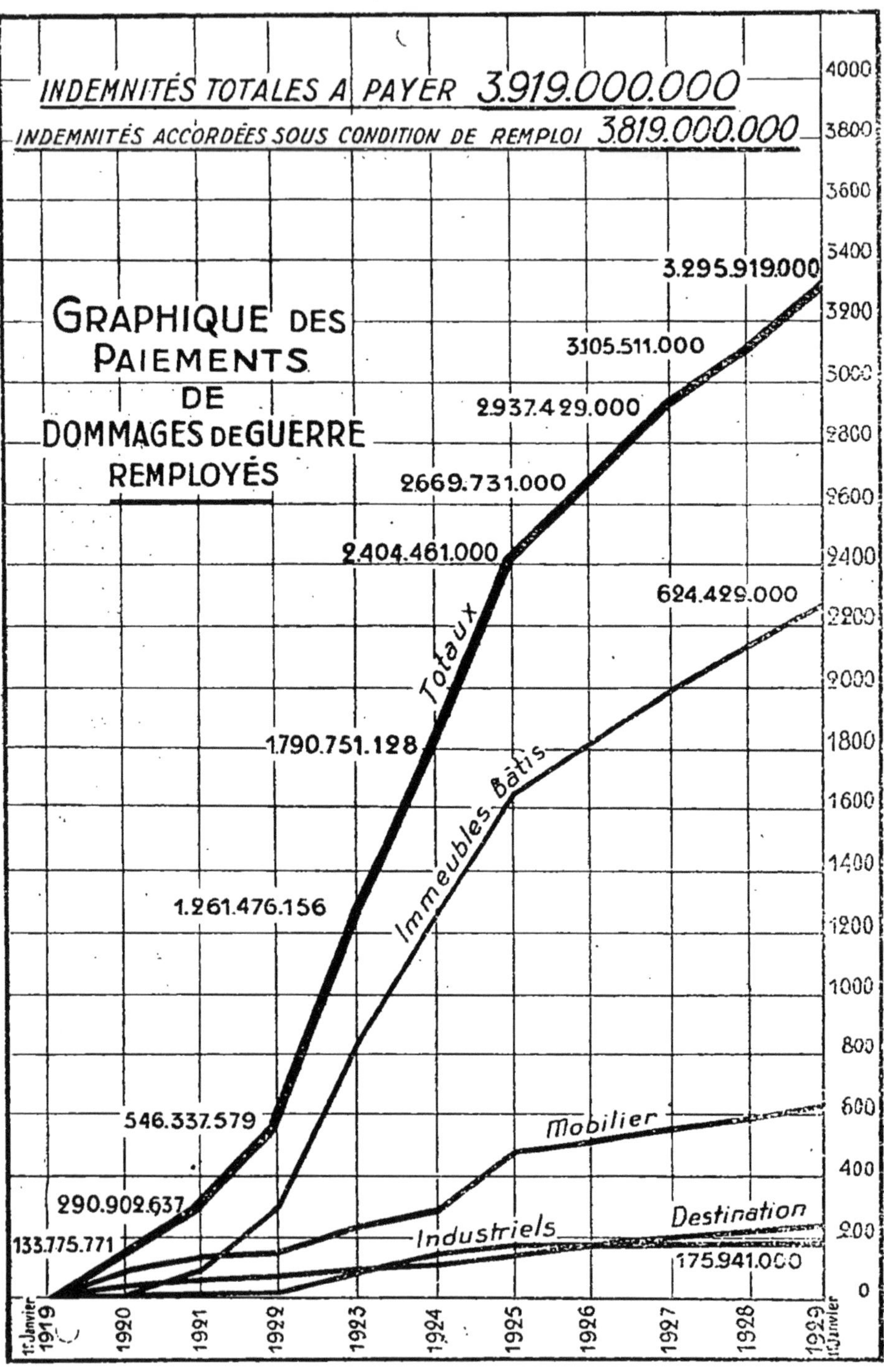

INDEMNITÉS TOTALES A PAYER 3.919.000.000
INDEMNITÉS ACCORDÉES SOUS CONDITION DE REMPLOI 3.819.000.000
GRAPHIQUE DES
PAIEMENTS
DE
DOMMAGES DE GUERRE
REMPLOYÉS
3.295.919.000
3.105.511.000
2.937.429.000
2.669.731.000
2.404.461.000
624.429.000
1.790.751.128
Totaux
Immeubles Bâtis
1.261.476.156
546.337.579
Mobilier
290.902.637
Industriels
Destination
133.775.771
175.941.000
1er Janvier 1919
1920
1921
1922
1923
1924
1925
1926
1927
1928
1er Janvier 1929
4000
3800
3600
3400
3200
3000
2800
2600
2400
2200
2000
1800
1600
1400
1200
1000
800
600
400
200
0

Conclusions

C'est ainsi qu'à la fin de 1929, la reconstitution du déparment de la Meuse sera pratiquement achevée, tant au point de vue technique qu'au point de vue financier. On a pu parcourir les étapes de cette période. Elles ne furent pas toutes aussi faciles : tantôt la main-d'œuvre, tantôt les matériaux, tantôt les techniciens, tantôt les moyens financiers faisaient défaut. Toute disproportion entre ces facteurs déterminait une crise qu'il fallait essayer de conjurer.

Il faut bien reconnaître que les résultats sont là pour attester les efforts et la bonne volonté de tous. Les critiques sont faciles, mais combien est-il plus surprenant de voir une législation toute nouvelle, appliquée avec réussite par une organisation créée de toutes pièces, représentant pour un seul département l'utilisation de près de quatre milliards.

Du reste, il suffit de constater la collaboration féconde et bénévole qu'à prêtée à cette œuvre la population toute entière : sinistrés, élus, présidents ou administrateurs de coopératives pour se persuader que le succès obtenu est dû précisément à la confiance mutuelle qui anima tous ceux qui se sont intéressés au relèvement de la région.

TABLE DES MATIÈRES

SERVICES DIVERS

www.ingramcontent.com/pod-product-compliance
Ingram Content Group UK Ltd.
Pitfield, Milton Keynes, MK11 3LW, UK
UKHW021256180726
13837UKWH00007B/463